悦读敦煌

敦煌另类的释读

DUNHUANG LINGLEI DE SHIDU

杨秀清◎著

甘肃人民出版社

图书在版编目（CIP）数据

敦煌 ：另类的释读 / 杨秀清著. -- 兰州 ：甘肃人民出版社，2019.11

ISBN 978-7-226-05493-2

Ⅰ. ①敦… Ⅱ. ①杨… Ⅲ. ①敦煌学—通俗读物 Ⅳ. ①K870.6-49

中国版本图书馆CIP数据核字(2019)第238705号

策划编辑：党晨飞
责任编辑：张　菁
封面设计：马吉庆

敦煌：另类的释读

杨秀清　著

甘肃人民出版社出版发行
（730030　兰州市读者大道568号）

甘肃新华印刷厂印刷

开本 880毫米×1230毫米 1/32　印张 10.75　字数 228 千
2020年1月第1版　2020年1月第1次印刷
印数：1~5 000

ISBN 978-7-226-05493-2　定价：88.00元

序言

多元文化对话中的敦煌石窟艺术

敦煌，位于中国甘肃省，是中国西北地区的一个县级市。在古代中国，敦煌是“丝绸之路”的必经之地，其特殊的历史、地理环境，造就了敦煌地区独具特色的历史文化。

一、丝绸之路上的敦煌

“丝绸之路”一词，是著名的德国地理学家李希霍芬（F.von Richthofen）提出的。19 世纪 70 年代，李希霍芬在他的《中国》一书中，把“中国与河中地区以及中国与印度之间，以丝绸贸易为媒介的这条西域路线”叫作“丝绸之路”。到了 1910 年，德国历史学家赫尔曼（A. Hermann）根据新发现的文物考古资料，在其名著《中国与叙利亚之间的古代丝绸之路》中主张，应该“把这一名称的含义进而一直延到通向遥远西方叙利亚的道路上去”。赫尔曼的主张得到西欧一些汉学家们的赞同，“丝绸之路”这一名词逐渐为人们所认同。今天，我们所认为的存在于欧亚大陆上的陆上丝绸之路，仍是在这个基本定义的范围内。

从中国历史的时间概念出发，汉唐间陆上丝绸之路的基本走向是：从长安或洛阳出发，经河西走廊、塔里木盆地，越过帕米尔高原，进入中亚、伊朗、阿拉伯和地中海一带。位于黄河以西，祁连山与合黎山、马鬃山之间，有一条狭长的地理廊道，被称为河西走廊。自汉代起，中央政府就在河西走廊设立武威、张掖、酒泉、敦煌四郡进行管理。敦煌位于河西走廊最西端，即是丝绸之路经河西走廊进入西域地区的门户。敦煌的汉代悬泉置驿站遗址出土的西汉昭帝（前87年—前74年）以后的简牍表明，敦煌曾接待过安息（今伊朗）、大月氏（今里海阿姆河流域）、康居、大宛（今乌兹别克斯坦共和国）、龟兹（今新疆库车）、于阗（今新疆和阗）、罽宾（今克什米尔地区）等29国的使节。

公元前2世纪到公元2世纪，沿着欧亚大陆的交通干线，自东向西有四大帝国并列其间，即东亚的汉朝（公元前206年—公元220年）、中亚的贵霜（约30年—226年）、西亚的帕提亚（安息，前3世纪中叶—公元226年）、欧洲的罗马（前30年—公元284年）。在公元前后，四大帝国都处在国势昌盛的时期，积极向外扩张，彼此交界，使东西方世界得以直接联系起来。公元前138年和公元前119年，汉朝派张骞两次出使西域，首次打通了中国与西域各国的联系，成为开拓“丝绸之路”的重要事件。作为丝绸之路“咽喉要地”的敦煌，从此也成为接触、吸纳和融合不同文化的重要地区，形成了独具特色的文化。

汉代以后的几个世纪，陆上丝绸之路一直承担着连接中西方经济文化交流的重任。尽管由于政治、宗教、自然等因素的影响，在不同的历史时期，丝绸之路也选取不同的走向，但丝绸之路的文化交流始终没有断绝。吐鲁番出土文书中发现的一件公元474年至475年阚氏高昌王国护送各国使者出境的记录表明，当时来自南朝刘宋、塔里木盆地的焉耆和子合国、西北印度的乌苌和中印度的婆罗门国的使者们，要前往蒙古高原的柔然汗庭，都要经过高昌（吐鲁番）。这件文书，为我们勾勒出公元5世纪下半叶虽然兵荒马乱，但连通东亚、北亚、中亚以及南亚的丝绸之路，仍然通畅无阻（荣新江：《阚氏高昌王国与柔然、西域的关系》，见《历史研究》2007年第2期）。敦煌发现的汉藏语文献材料告诉我们，晚唐五代直到宋初，中印之间僧侣的往来、经本的流通等佛教文化的交往始终未断，因为吐蕃也同样信奉佛教，所以佛教僧侣的往来并没有受到阻碍，他们仍然肩负着文化交流的使命，奔波在陆上丝绸之路上（荣新江：《敦煌文献所见晚唐五代宋初中印文化交往》，见《季羡林教授八十华诞纪念论文集》，江西人民出版社，1991年，955~968页）。

二、佛教的传入与莫高窟的开凿

丝绸之路开通后，不仅汉文化在敦煌地区扎根，西方文化也进入敦煌，最有代表性的就是佛教的传入。20世纪90年代，在汉代敦煌悬泉置遗址出土的汉简中有“小浮屠里”的记载。“浮屠”是指佛教建筑物的“塔”或“庙”，“里”是指古代居民的基层管理组织。“浮屠”一词显然不是中国当时固有的词汇，应当是一个外来的词汇。这枚简牍说明陆上丝绸之路是佛教的主要传播路线，可能早在东汉时期敦煌已接受了西域传入的佛教。

史书记载表明，汉晋时期，敦煌是一个重要的译经中心，被称为“敦煌菩萨”的高僧竺法护及其弟子竺法乘在敦煌的译经活动，对佛教的传播起到了重要作用。竺法护的弟子竺法乘先随师在敦煌、长安笔录译文，后“西到敦煌，立寺延学，忘身为道，诲而不倦”。([梁] 慧皎《高僧传》卷4，《晋敦煌竺法乘传》。)法乘对敦煌佛教的贡献主要有两个方面，一是修建寺院，使僧俗信徒有了固定的活动场所；二是将佛教的传播对象扩大到一般民众，从而为敦煌后来成为佛教圣地奠定了基础。之后两位译经大师鸠摩罗什和昙无谶都对敦煌佛教产生过影响。佛经的翻译，寺院的建立，东西方往来僧人的交流，为莫高窟的开窟奠定了基础。

公元366年（前秦建元二年）一个叫乐僔的云游僧人，当他到达今莫高窟附近时，忽然看见对面三危山上金光万道，仿佛有千万个佛在金光中显现，乐僔被眼前的景象感染得有些眩晕，以为得到了佛的昭示，于是他募人在莫高窟开凿了第一个石窟。乐僔开窟不久，又有一位叫法良的禅师，在乐僔所开凿石窟旁边又开凿了一个石窟。由于年代久远，加之以后各朝代对前代建造的石窟不断进行改造，以及人为的破坏和风沙的侵蚀，乐僔和法良最早开凿的两个石窟已无法查考，但乐僔和法良的开窟活动，实为莫高窟千年石窟开凿之滥觞。

我们今天所说的敦煌石窟，从广义上讲，在莫高窟之外，还包括敦煌周边的西千佛洞、瓜州榆林窟、东千佛洞、肃北五个庙等，它们与莫高窟地缘相近、石窟内容相同、艺术风格一致，学术界将其统称为敦煌石窟。莫高窟作为敦煌石窟的代表，在1700米长的崖体上，现存不同形制的洞窟735个，各类壁画总面积45000平方米，彩塑2000多身，唐宋木结构窟檐5座，是世界上现存规模最大、延续历史最长、内容最丰富、保存最完好的佛教石窟艺术宝库。莫高窟也因其符合世界文化遗产的全部六项标准，1987年被联合国教科文组织列入世界文化遗产名录。

三、多元文化交流融合的石窟艺术

敦煌石窟是集建筑、彩塑、绘画于一身的佛教石窟艺术。随着佛教的传播和佛教造像的流传，敦煌石窟在开窟造像过程中，最初的蓝本自然要受到外来文化的影响。敦煌石窟早期开凿的禅窟（供僧侣们坐禅修行的处所）和中心柱窟（又称塔庙窟，供信众绕塔观像和礼拜的处所），就受印度“毗诃罗窟”“支提窟”的影响；洞窟内一些龛的形制如穹窿龛、圆拱龛受到印度、中亚建筑艺术的影响。除了石窟建筑本身外，在壁画中还有描绘中亚和西亚风格的城堡，以及圆拱形门窗等建筑形式、希腊建筑的爱奥尼亚柱式等。当然，敦煌石窟的建

莫高窟第 268 窟　西壁　敦煌研究院文物数字化所制作

阿旃陀石窟第26窟
杨秀清　摄

菩萨立像　灰色片岩　2—3世纪　敦煌研究院编:《平山郁夫的丝路世界》,朝华出版社,2018年

筑形制，并非一味地照搬，而是在吸收融合基础上进行了创新，如北朝（386 年—581 年）时期的中心柱窟虽受到印度支提窟的影响，但改变了原来印度覆钵式圆形塔的形式，成为方形楼阁式的塔形；窟顶改变了印度圆拱顶的形式，成为两面斜坡的人字披形式，将印度的石窟形制与中国传统的建筑风格相结合，体现了中国传统建筑的精神。隋唐以后敦煌石窟流行斗帐形（即覆斗顶形）顶的方形窟、中心佛坛窟，则更是以中国传统的斗帐形式和殿堂形式对佛教石窟的改造，石窟形制已完全中国化了。

而作为石窟主体的塑像，更是与外来艺术的影响密不可分。由于敦煌石窟的崖体属于砂砾岩，较为松散，无法雕刻，因而敦煌石窟的塑像更多采用了泥塑的方式，配以彩绘，我们称之为彩塑。与佛教在中国的传播相适应，敦煌石窟彩塑的佛、菩萨、弟子、金刚力士像的造型均受到印度犍陀罗、马图拉及西域龟兹风格佛教造像的影响。犍陀罗位于古代印度北部，今巴基斯坦白沙瓦为中心的地区。古代的犍陀罗地区曾受古希腊罗马文化的强烈影响，其雕刻艺术有明显的希腊风格。从敦煌早期彩塑中也可看到古希腊艺术的痕迹。在龟兹地区（今新疆库车）的克孜尔等石窟中就可以看出犍陀罗影响的痕迹。进入敦煌后，这种影响依然存在。如莫高窟北凉第 275 窟正壁（西壁）的交脚弥勒菩萨像，同窟南北两壁阙形龛中的交脚菩萨像，树形龛中的思惟菩萨像都有着犍陀罗风格造型的特征，这种风格的造像甚至也影响到山西云冈石窟的风格。莫高窟第 259 窟北壁东侧的一尊佛像结

莫高窟第 259 窟北壁东起第一龛　释迦禅定像　北魏

吴健　摄

跏趺坐，身着通肩袈裟，身体较扁平，用阴刻线表现细腻的衣纹。雕塑家着意刻画了佛恬静、淡泊的表情，尤其是嘴角微微显露出笑意，似乎有一种发自内心的喜悦。这一特征又使我们看到印度马图拉造像风格的影响。这种风格的塑像更早在今甘肃省临夏地区的炳灵寺石窟第 169 窟（420 年）就出现了。经过北朝和隋代对具有浓厚印度和西域样式雕塑的消化吸收，以及与中国本土雕塑艺术进行了长期的融合，逐渐创造出了富有中国审美特点，形态和神韵具有民族化特征的彩塑，尤其是唐代彩塑成为经典性的传世之作。

至于敦煌石窟壁画，更是以视觉形象的方式，展示了古代丝绸之路上不同文化交流融合的历史画卷，精彩纷呈，意义非凡。敦煌石窟早期壁画，人物画法受印度和中亚绘画技法的影响比较明显，上身裸露、比例适度、以凹凸画法表现人体的立体感；在构图上，通过一图一景、一图多景的形式来表现佛教故事，与来自犍陀罗、中亚等地佛教艺术多有关联。唐后期壁画中表现释迦牟尼瑞像的内容，多据印度、尼泊尔、犍陀罗地区的佛教传说绘制，对扩大佛教的影响作用很大。中、晚期壁画的密教题材壁画也是由印度经过吐蕃传来的内容和表现手法。

我们不妨以具体事例来说明。莫高窟第 285 窟（538 年—539 年，西魏）可以说是中西文化交流的代表洞窟。画于主室西壁龛外左右上角的日天、月天，画于西壁画龛外北侧的摩醯首罗天（湿婆）、毗那夜迦天、鸠摩罗天、那罗延天（毗湿奴）、梵天、帝释天等，不仅表

炳灵寺石窟第 169 窟

莫高窟第428窟
中心柱南向面 龛
内东侧菩萨

菩萨像 新疆库
木吐喇石窟沟口区
第21窟穹隆顶

莫高窟第285窟

孙志军　摄

明这些源自印度婆罗门教的主神，被佛教吸收为护法神的过程，而且在艺术风格上受到印度、中亚影响。画于主室西壁龛外左右上角的日天，坐在两两相背而行的驷马车上。学者研究表明，这一形象与西方太阳神有密切的关系。公元前 4 世纪亚历山大东征时，可能将古希腊神话中的太阳神阿波罗及其四匹马驾车的图像带入西亚波斯，影响到了祆教的太阳神密特拉及马车图像，其后又传入南亚古印度西北地区，其影响波及印度的日神苏利耶及马车图像。公元 6 世纪画在莫高窟第 285 窟的日天及其所乘坐的驷马车，是综合了印度太阳神苏利耶、深受波斯文化影响的中亚太阳神密特拉和希腊太阳神阿波罗图像的影响。285 窟主室西壁之外，南壁绘有“五百强盗成佛”的故事，画面中官兵所骑的战马全身披挂装备齐全的马铠，从保护马头的“面帘”，到保护马后尻部的“寄生”一应俱全。这种保护战马的防护装备被认为源自波斯。

隋唐之际壁画中菩萨的衣饰面料上，还可看到联珠狩猎纹、联珠对兽纹、联珠对鸟纹等通过中亚粟特传来的波斯萨珊风格的纺织物图像。如隋代第 420 窟彩塑菩萨像的衣裙上绘满了环形联珠狩猎纹样，每一枚纹样的中心都画有武士骑大象手举棒形武器打虎的图案。《旧唐书·西戎传》中说波斯国“其国乘象而战，每一象，战士百人”，可见它是来自波斯的装饰图案纹样。壁画中有的菩萨和佛弟子手持玻璃器皿及各种金属装饰物，大多是来自西亚和地中海地区的工艺品，还有波斯特征的金银器，等等。

莫高窟第420窟西壁佛龛　莲花龛柱　隋
吴健　摄

莫高窟第61窟西壁所绘《五台山图》，是我国古代最为详细、规模最大的佛教胜迹地图。全图大致分为上、中、下三部分：上部主要绘制龙王、菩萨空中显灵；中部从北到南绘制五台并峙，各座山峦布列；下部绘制从河北镇州（今河北正定县）和山西太原两个方向朝拜的香客、施主和送供使者凑集于五台山。描绘了方圆约250公里以内的山川林壑、城镇店铺、寺院楼阁、茅庐桥梁、道路河渠，以及达官平民、僧侣世俗各阶层人物活动奔忙的情景。特别是其中一幅图中画了一座“新罗王塔”，据考证是为了反映新罗国王子慈藏大师，曾在五台山出家、修行并建造此塔的历史；图中榜题“新罗送供使”旁边的一行五人，他们是代表信奉佛教的新罗国王，前往五台山给文殊菩萨进奉供品的使者；“新罗送供使”左下方，还绘有一组三人的高丽王送供使团，显然是代表高丽王来五台山巡礼。《五台山图》左侧“大清凉之寺”下部，有一榜题为“菩提之庵”的画面，从人物形象分析，很可能就是前往印度求法，晚年居住并终老于此的新罗高僧慧超所在的五台山菩提寺。这些都为我们了解中国佛教与东亚地区佛教的关系，提供了形象资料。

敦煌石窟壁画中还绘有很多外来音乐舞蹈场面。壁画描绘了吹、打、弹、拉四大类数十种乐器的图像，吹奏乐器中的海螺、筚篥，打击乐器中的腰鼓、羯鼓，弹拨乐器中的箜篌、琵琶，拉弦乐器中的胡琴等，均为外来乐器；中亚流行的胡腾舞、胡旋舞也在壁画中随处可见，说明当时这些外来的音乐舞蹈已在民间广泛流行。

敦煌石窟所反映的多元文化交流，远不止上述这些方面，但仅就上述几点，已证明了敦煌石窟艺术，是多元文明之间对话、相互影响的结果。如果没有外来文明的滋养，可能就没有如此丰富多彩的石窟艺术。

四、几点启示

（一）以莫高窟为代表的敦煌石窟，形象地反映了佛教在中国的传播、发展、流变及其中国化的历史。敦煌石窟虽然是形象化的佛教艺术，但它在不同时期所表现的艺术形式、壁画内容，都可与传世文献以及敦煌藏经洞出土文献相印证。特别是隋唐以来，中国佛教不同宗派的形成，其所崇奉的经典及其所弘扬的思想，都在石窟中有所表达和显现，可以说，敦煌石窟构成了一部形象的中国古代佛教史。

（二）敦煌石窟艺术在中国和世界美术史上占有重要地位 。敦煌石窟艺术在一千年的创作过程中，融汇了不同地域国家、不同历史时期、不同民族的艺术风格，并在此基础上形成独具特色、自成体系的敦煌石窟艺术，代表了 4 至 14 世纪中国美术的重要成就，为中国古代绘画艺术的发展做出了重要贡献，也为我们今天认识中国绘画史提供了丰富而珍贵的资料，在中国乃至世界美术史上都有着不可或缺的重要地位。由中国艺术家自己创造的佛教艺术——经变画，便是其代表。所谓经变画，就是将一部或几部佛经的主要内容，以绘画的形式，组织成首尾完整、主次分明的大画。经变画由中原传入敦煌地区，在敦煌石窟壁画中留下了三十多种精美绝伦的经变画，如阿弥陀经变、弥勒经变、东方药师变、法华经变等。经变画以印度原来的说法图为基本形式，将已高度成熟的中国传统的人物画、山水画、建筑画、风景画，以及采撷现实生活中各种美好的风情元素，运用中国式远近的空间构成法，以佛说法场面为中心，形象地展现了佛经描绘的佛国世界宏伟壮丽、气象万千的意境。中国创立的经变画，丰富了佛教绘画的表现样式，推动了中国绘画的发展。可惜唐代两京和中原的佛教寺庙及其壁画已不复存在，敦煌石窟保存大量精美的隋唐经变画真迹，一定程度上，可以说是中国佛教绘画艺术的优秀代表。

（三）以莫高窟为代表的敦煌石窟，展示了不同时代、不同民族、不同地域的人们的信仰和追求，留下了 4 至 14 世纪丝绸之路沿线多民族间的文化交流、互鉴和融合的足迹。不仅是经过丝绸之路传入的佛教，给中国思想文化极大的影响，而且，敦煌莫高窟藏经洞出土文献表明，来自波斯和中亚粟特、吐火罗斯坦的所谓“三夷教”，即琐罗亚斯德教（中国称祆教）、景教（基督教的聂斯托利派）和摩尼教，也在敦煌地区传播流行过，外来文化与本土文化在敦煌没有发生冲突，各种宗教和平相处，甚至相互包容，真正体现了“开放包容、互学互鉴”的丝绸之路精神，因而跨越了时空和地域，具有世界意义，当之无愧地成为世界文化遗产，也成为中华民族优秀传统文化的代表。

（四）敦煌莫高窟不仅是佛教艺术的见证者，而且也是中古社会历史的真实记录者。莫高窟壁画虽以佛教内容为题材，但是，如果我们揭开宗教的面纱，就会发现许多反映现实生活的画面。因此，有人把莫高窟称为“画在墙壁上的图书馆”。敦煌石窟壁画不仅向我们展示了许多古代经济生活的场景，而且展示了古代社会生活中衣食住行、生老病死、婚丧嫁娶等民情风俗的场景，让我们看到了中古社会生活的方方面面及其丰富的文化内涵。敦煌石窟壁画除了有无与伦比的艺术价值外，还有着不可估量的历史文化价值。

2018 年 6 月 2 日至 10 日，由中国驻杜塞尔多夫总领馆、德国杜伊斯堡市政府、德国 DCKD 德中艺术设计交流协会联合发起的“新丝路上的蓝色集装箱”国际文化经济交流活动在德国杜伊斯堡举行。“新丝路上的蓝色集装箱”活动以弘扬丝路精神为宗旨，以蓝色集装箱为载体和符号，在中欧铁路大通道途经国家和地区举办国际文化经济交流活动。这次活动设置了敦煌馆、水墨馆、当代艺术馆、工业艺术馆、科技馆 5 个主题展区。敦煌馆主要是敦煌研究院、中国敦煌石窟保护研究基金会、德国 DCKD 德中艺术设计交流协会主办的“敦煌壁画艺术精品展”，将展出 40 幅敦煌石窟壁画数字化艺术品及彩塑图片，并运用图像、动漫、影视、虚拟现实等高科技手段，生动再现了实景洞窟，尤其是原比例复制的莫高窟西魏第 285 窟，更是再现了丝绸之路西域各民族宗教文化历史的交流与融合，印证了古丝绸之路曾经的文化辉煌和经济繁荣。如前所言，这些历史绵长、内容丰富的文化艺术品，反映了中古时期佛教思想和佛教艺术的中国化过程，展现了华夏各民族之间及中国与欧亚多元文化艺术的交融荟萃，见证了世

莫高窟第 285 窟主室西壁　持葡萄的鸠摩罗天　敦煌研究院文物数字化所制作

界不同地区文明源源不断交流传播的历史进程。不同文明的交流融合让各自的文化更具创造性，更富生命力。我们通过“敦煌壁画艺术精品展”，希望包括德国人民在内的世界更多民众走近敦煌，领略其文化艺术的博大精深，感悟人类文明的交流互鉴，实现“一带一路”上的民心相通，让“和平合作、开放包容、互学互鉴、互利共赢”的丝绸之路精神在新时代发扬光大！

（本文应德国 DCKD 德中艺术设计交流协会之邀，向德国民众介绍敦煌石窟艺术而作。）

目录

发现敦煌

2004 年 10 月 22 至 24 日，中央电视台与敦煌研究院联合推出大型直播节目《敦煌再发现》，连续三天在新闻频道每天上午进行两个多小时的直播，把遥远而神秘的敦煌及敦煌考古的重大发现用电视直播的方式奉献给广大观众。笔者受敦煌研究院委派，参与了直播的全过程，在此过程中，为节目的播出撰写了相关的背景材料，后将其整理为本篇文章。

丝绸之路上的璀璨明珠

敦煌：中原王朝经营西域的基地。

自汉代起，敦煌便成为经营西域的基地，战略地位尤为重要。大家知道，唐以前，中原王朝的政治中心大都在长安，西北地区作为政治中心的屏障，具有重要的战略地位。欲安中原，必保秦陇；欲保秦陇，必固河西；欲固河西，必斥西域，成为历代统治者的共识。西北地区的安危，直接关系着中原一朝的存亡，所以历代王朝都十分重视对西北地区的经营。由此可见，河西在西北地区的战略地位极为重要，处于河西最西端的敦煌，是河西通往西域的门户，地位则更为重要。

公元前 121 年，汉武帝派大将军霍去病率军深入河西，重创匈奴，匈奴浑邪王率众四万余归降汉朝，从此河西一带归入汉朝版图。元鼎六年（公元前 111 年）汉设敦煌郡于敦煌，并把长城修到敦煌以西，在敦煌以西设玉门关和阳关，作为扼守西域进入河西、中原的大门。敦煌从此成为经营西域的基地。为了从经济上保证这一基地的稳固，汉代一方面从内地往敦煌大量移民，一方面又征发军队来此戍守。移民和戍卒在敦煌开荒屯垦，兴修水利，同时也把中原先进的农耕技术带到敦煌，从而确立了农业在敦煌的地位。汉代对敦煌地区的开发，使敦煌地区的经济迅速发展，并赶上内地。此后几个世纪，敦煌之所以能一直作为经营西域的基地，除了战略上的重要性之外，与其经济的繁荣是分不开的。东汉时，敦煌在军事上的重要性日益突出。从公元 120 年起，代替西域都护主管西域事务的护西域副校尉便长驻敦煌，东汉对西域的许多重要军事行动都是在西域副校尉和敦煌太守的主持下进行的。清朝初年，在新疆巴里坤湖畔发现的汉顺帝永和二年（137 年）立的《敦煌太守裴岑纪功碑》，就是敦煌太守率军进击匈奴呼衍王的记录。敦煌实际上成为当时统治西域的军政中心。

汉代以后，历代政府都十分重视对它的经营，历魏晋南北朝隋唐时期，敦煌仍然是控制西域的重镇。如唐朝初年，在唐太宗进攻西域的过程中，敦煌除了作为物资供应基地外，始终是积极的参与者，贞观年间侯君集讨伐高昌的唐军中就有沙州刺史刘德敏率领的敦煌民众。在以后唐朝同西突厥余部及吐蕃争夺西域控制权的斗争中，敦煌始终是协助安西都护府统治西域的重要力量。特别是为了防御南面吐蕃的威胁，唐高宗上元二年、三年（675年、676年），将西域南道上的石城镇（今若羌）和播仙镇（今且末）划归沙州（敦煌）直接管辖，更显示出敦煌在唐朝经营西域方面所发挥的作用。唐以后，随着中原王朝政治中心的转移，西北地区的战略地位开始下降，敦煌也逐渐失去其地位。直到清前期，在清政府统一新疆的过程中，敦煌又再度成为经营西域的基地。

敦煌：丝绸之路上的国际商贸中心和商品中转站。

“丝绸之路”一词，是著名的德国地理学家李希霍芬提出的。19世纪70年代，李希霍芬在他的《中国》一书中，把“中国与河中地区以及中国与印度之间，以丝绸贸易为媒介的这条西域路线”叫作“丝绸之路”。之后，德国的东洋史学家阿尔巴特·赫尔曼在其名著《中国与叙利亚之间的古代丝绸之路》中主张，应该“把这一名称的含义进而一直延到通向遥远西方叙利亚的道路上去”。赫尔曼的主张得到西欧一些汉学家们的赞同。进入20世纪后，随着中外关系史研究的深入，“丝绸之路”一词被中外学者广泛使用，并把古代丝绸贸易所到达的地区都包括在丝绸之路的范围内。因而“丝绸之路”就成为古代从长安（今西安）出发，经中亚、西亚、南亚到欧洲、非洲等地的陆路通道的通称。事实上，文献记载和考古发掘都证明，中西方经济文化交流早在张骞通西域之前就已存在，但在张骞通西域之前并未畅通和繁荣。只有到了张骞通西域之后，在中原王朝的统一管理之下，丝绸之路才出现了前所未有的繁荣。

敦煌莫高窟第323窟北壁，绘有《张骞出使西域图》一组三幅，形象地描绘了汉武帝派张骞出使西域的情景。张骞此行，开辟了中西方文化交流的新纪元，联系中原与西域各国的丝绸之路被打通了。沿着张骞所开辟的交通路线，中国的丝绸、漆器、竹器及先进的生产技术开始传到西方，西方的珍禽异兽、植物品种、思想文化也逐渐传入中国。伴随着丝绸之路的畅通，东来西去的商人、使臣都要驻足敦煌，从而确立了其作为国际商贸城市的地位。

公元93年，班超派属官甘英出使大秦（罗马帝国），到达波斯湾地区，进一步加强了中国同中亚及西方的联系，这些都为丝绸之路的畅通奠定了基础。

从东汉中后期起，由敦煌出发进入西域的通道逐渐由原来的南北两道扩展成了南、中、新三道，敦煌的地位更加重要。早在班超任西域都护时，敦煌就开始聚集了大批商人。东汉后期，政府在敦煌设西域副校尉，使敦煌成为经营西域的中心，加之河西东部由于羌人的干扰，西域各国入朝的王子、商人大都滞留于敦煌，敦煌遂成为一个著

莫高窟第 323 窟北壁　张骞出使西域图

名的商业城市，被史书称为“华戎所交，一都会也”。

魏晋以来，到敦煌的西域商人主要是居住在以中亚捷拉夫善河流域撒马尔罕（Samarkand，古康居，在今乌兹别克斯坦）为中心的粟特人。粟特人善于经商，长期是中西方贸易的中间经纪人。1907年，英国考古探险家斯坦因（A.Stein）在敦煌西北的长城烽火台遗址中，发现了一组用中亚粟特民族文字所写的信札，学术界称之为“粟特文古信札”（Sogdian Ancient Lettgr）。这些古信札的发现，对丝绸之路历史的研究有着非常重要的价值。近年来多数学者倾向于“粟特文古信札”的年代应在4世纪初年（312年—313年）。这组信件是在凉州（武威）和敦煌的粟特商人写给家乡撒马尔罕贵人的书信，不知什么原因埋在敦煌长城脚下。信中谈到，这些以凉州为大本营的粟特商团，活动范围东到洛阳，西到敦煌，他们长途贩卖，经营的商品有金、麝香、胡椒、樟脑、麻织物、粮食及丝绸等。这组信札真切地反映了当时丝绸之路上的商品交易活动。粟特人从事贸易并非临时的、短距离的贸易，而是跨越东西、贯穿整个丝绸之路的远程贸易。粟特文古信札的出现，充分证明我国史书的记载是可信的，大量粟特人在敦煌进行商业活动，使敦煌到魏晋时期真正成为丝绸之路上的国际商贸中心。

莫高窟第296窟为北周时期的洞窟，窟顶北披东段绘有一幅商旅图，它是根据《佛说诸德福田经》中“安设桥梁过度羸弱”一语画成的。图中作一桥，两支商队在桥头相遇，桥上为中原商贾，乘马赶着满载货物的毛驴，匆匆走上桥头；桥下胡商牵着骆驼等待过桥。商贸内容出现在以宗教为主要内容的莫高窟壁画里，说明丝路贸易已成为敦煌地区社会生活的基本内容。因此，画工在进行创作时，自然将现实生活的内容带到壁画中，是北周时期敦煌地区国际商贸活动的真实写照。

隋唐时期，敦煌作为国际商贸都市，出现了空前的繁荣和兴旺。

北魏末年，突厥兴起于北方。6 世纪中期，突厥开始强大起来。550 年，突厥与波斯联盟，瓜分哌哒（yàn dā）领土，势力达到中亚，其领土从蒙古高原一直到达了波斯帝国的边境。强大的突厥不仅控制了中西商路，而且不断入侵中原，北齐、北周争相与之结好。突厥通过北齐、北周获得大量丝帛财富，并控制西域诸国，成为丝路一霸。并且，在粟特人的帮助下，突厥与东罗马帝国建立同盟，试图由它直接向西方出售中国丝绸。隋王朝建立后，隋文帝采纳长孙晟“远交而近攻，离强而合弱”的策略，成功分化了突厥，致使突厥分裂为东西二部，东突厥沙钵略可汗臣服隋朝。在此情况下，隋王朝开始经营西域。

公元 605 年，隋炀帝即位后，派裴矩前往张掖，主持同西域的贸易。裴矩到张掖后，往来于敦煌、张掖之间，通过和西域商人的接触，了解西域各国的山川险阻，风土人情，并撰写《西域图志》3 卷。在此书的序言中，裴矩详细记载了经过敦煌通往西域的三条主要干线，三条道路分别以伊吾、高昌、鄯善为门户，但“总凑敦煌，是其咽喉之地”。这就清楚地说明了敦煌在中西交通中的重要地位和枢纽作用。在隋政府的支持鼓励下，河西诸地商贸活动逐渐兴盛。在此基础上，随着对吐谷浑用兵的胜利，大业五年（609年），隋炀帝亲自出巡张掖，在燕支山（即焉支山，今山丹县南）下，高昌国王曲伯雅、伊吾吐屯设及西域其他27个地区的国王、使者、商人前来拜谒。隋政府在张掖举行了盛大的商品交易会。隋炀帝此次西巡，大大促进了丝路贸易的繁荣。20世纪80年代，甘肃省歌舞团创作排演的轰动全国的舞剧《丝路花雨》，其中就有以上述事件为内容的场面。

唐代，敦煌成为名副其实的国际商贸中心。由于唐朝对西域的成功经营，整个丝绸之路畅通无阻，在敦煌市场上，既有来自内地的客商，也有来自东罗马帝国、阿拉伯、中亚及印度半岛诸国的商人。敦煌地区不仅有许多西域商人的聚落，而且沿途还有不少商人过往的驿站；敦煌市场上有许多外国人开设的店铺，大批行商坐贾在敦煌从事着中原的丝绸和瓷器，西域的奇珍异兽、珠宝香料、玻璃器皿，北方的驼马和本地的粮食等商贸活动，使敦煌这个国际商贸中心繁华一时。

当我们走进敦煌石窟，在欣赏一幅幅精彩绝伦的壁画时，也能感受到古丝绸之路的商贸气息。如第45窟南壁的《胡商遇盗》图，取材于《法华经》第二十五品《观世音菩萨普门品》。画面上有一队胡商，为首者高鼻深目，他们的商队刚转过山头，山谷中就冲出持刀抢劫的强盗，商人们胆战心惊，露出惶恐、乞求的神色。如果我们拂去壁画中的宗教色彩，就会发现，它原来是唐代敦煌地区商贸活动的写照。

莫高窟第45窟　南壁西侧　胡商遇盗　盛唐

宋利良　摄

敦煌：多元文化荟萃之地。

随着西汉时期对敦煌地区的开发，汉文化开始进入河西。东晋十六国时期，中原大乱，大批中原文士避乱河西。这一时期，敦煌涌现出一批思想家、文学家和艺术家，从而奠定了敦煌地区深厚的汉文化基础，此后，汉文化逐渐成为敦煌地区占统治地位的文化。丝绸之路开通后，不仅汉文化在敦煌地区扎根，外来文化也进入敦煌。发源于印度的佛教传入敦煌后，迅速发展，不仅使敦煌成为佛教圣地，而且对敦煌地区的文学、艺术及社会生活的各方面都产生了重大影响。除佛教外，祆教、景教、摩尼教等西亚、中亚宗教也在敦煌传播并对敦煌社会产生过影响。著名学者季羡林先生指出："世界上历史悠久、地域广阔、自成体系、影响深远的文化体系只有四个：中国、印度、希腊、伊斯兰。而这四个文化体系汇流的地方只有一个，这就是中国的敦煌和新疆地区。"这是对敦煌在中西文化交流中的地位给予的最高评价。

敦煌：多民族共同创造的文化。

历史上的敦煌，是多民族杂居地区，在这片古老的土地上，先后有月氏、乌孙、匈奴等族繁衍生息，又有鲜卑、吐谷浑、吐蕃、回鹘、党项、蒙古等族统治经营，从而使敦煌文化在汉文化占主导地位的同时，又有少数民族文化加入其中。敦煌文化，是多民族共同创造的文化，辉煌灿烂的敦煌文明，也有少数民族的功劳。

总而言之，历史上的敦煌，是中原王朝经营西域的战略基地，是丝绸之路上的国际商贸中心，是中西文化的荟萃之地，是丝绸之路上一颗耀眼的明珠。时至今日，人们在畅游莫高窟的时候，还能体悟到它当初的风采。

千年宝窟藏遗珍

366年（前秦建元二年）一个叫乐僔的禅僧云游至敦煌鸣沙山一带，当他到达今莫高窟附近时，忽然看见对面三危山上金光万道，仿佛有千万个佛在金光中显现，圣妙无比。作为禅僧的乐僔以为得到了佛的昭示，于是他募人在鸣沙山麓开凿了第一个石窟。乐僔开窟后不久，又有一位叫法良的禅师，云游西行至鸣沙山一带，在乐僔所开石窟边又开了一窟。从此拉开莫高窟千年不断开窟造像的序幕。

由于年代久远，加之以后各朝代对前代建造的石窟不断进行改造，以及战争的破坏和风沙的侵蚀，乐僔、法良最早开凿的两个石窟已无法查考。但从乐僔开窟的十六国时期开始，经北朝、隋、唐、宋（西夏）、元等朝代千余年连续不断的开凿，在鸣沙山东麓的崖面上，形成南北长达1600多米的窟龛群，造就了辉煌灿烂的佛教石窟艺术。

明朝以后，莫高窟的开凿趋于沉寂，到清朝末年，莫高窟已呈现出荒芜凄凉的景象：窟前的木栈道大都毁坏，崖面坍塌，洞窟残破，堆积如山的流沙因长期无人清理，把最下层的许多洞窟都掩埋了。可是，谁能想到，就在这残破的石窟里，埋藏着一个令世界震惊的文化宝库。

大约在1899年前后，一个叫王圆箓的道士来到莫高窟，住进了窟前俗称为“下寺”的寺院里。王道士是湖北麻城人，由于家乡连年灾荒，逃往他乡谋生，最后他在甘肃西部肃州（今酒泉）的巡防营中，当了一名士兵。退伍以后，他在酒泉出家当了道士，后来离开师傅，云游到敦煌莫高窟，住了下来，并把下寺改造成了道观。王道士文化水平不高，对道教的理解也浅薄，但对道教的信仰却很虔诚。他利用善男信女们的施舍及化缘得来的钱财，按照自己对道教的理解，对莫高窟进行改造。由于下层洞窟多被流沙掩埋，因而，清理洞窟积沙就成为一项重要工作。

一天，清沙的人将离下寺最近的三层楼（现编号第16窟）清扫完毕，甬道北壁裂开了一道缝隙，但并未引起人们注意。后来，王道士又雇用杨某在16窟甬道里放一条案桌，在此伏案抄经。1900年6月22日（清光绪二十六年五月二十六日），杨某像往常一样在抄经休息之余，点燃旱烟吸了起来，当他把燃剩的芨芨草插进甬道北壁的裂缝时，芨芨草竟插不到底，杨某异常惊诧，用手敲了敲墙壁，感觉里面是空的，杨某立即将此事报告给王道士。等到夜深人静之时，王、杨二人打开墙壁，去掉封泥，找到洞口，发现了堆满写本及绢画、法器等物的藏经密室。敦煌藏经洞——一个20世纪人类文化史上的重大发现就这样在不经意间被一个没有多少文化的道士打开了。

无价之宝遭厄运

王道士没有读过多少书，但直觉告诉他洞内所藏肯定是非同寻常的宝物。为了借此机会引起官府和地方名流对莫高窟的重视，王道士从中选出一些精美的绢画和完整的经卷，送给当时驻扎酒泉的安肃道台兼兵备使廷栋和敦煌县令汪宗瀚，他们一个可能是王道士在肃州当兵时的上司，一个是王的湖北同乡。1903 年末，汪宗瀚将几件藏经洞出土的唐碑拓片和绢画写经等送给著名金石学家、时任甘肃学台的叶昌炽。这位学者一眼就看出了这些东西的价值，并把它记录在自己的《缘督庐日记》里，怎奈甘肃学台的巡行范围在肃州以东，叶昌炽未能到达敦煌，亲眼看见藏经洞文物，和这些文物失之交臂。而另一个最先得到藏经洞文物的廷栋，觉得这些古代写经的书法还没有自己写得好，并未对它们表示特别的兴趣。他将手中的经卷作为礼物，送给了曾任职于嘉峪关税务司的一个比利时人，此人在归国途中路过新疆，又将经卷转送给满人长庚将军和道台潘某，莫高窟发现文物的消息随之传到了新疆一带，很快引起了正在中亚、新疆考察的外国探险家和考古学者的注意，争先恐后地赶到敦煌骗宝劫经，一场文物浩劫就这样开始了。

第一个来到敦煌骗取藏经洞文物的是英籍匈牙利人斯坦因（Aurel Stein），这是一位受过严格的考古学和东方语文训练的学者。1907 年 5 月，他和他的中国师爷蒋孝琬来到敦煌后，编造花言巧语，骗取了王道士的信任。斯坦因标榜自己是玄奘的追随者，不远万里跋涉到敦煌，就是要把唐僧取经时带到中国的经卷取回印度。这番话打动了同样熟悉玄奘取经故事的王道士，他向斯坦因打开了藏经洞之门。最后，斯坦因以4个马蹄银（相当于200两白银）从王道士手中骗得了24箱经卷和5箱经过仔细包扎好的绢画、刺绣等艺术品，运回了英国。斯坦因走后，1908年，法国人伯希和（Paul Pelliot）又来到敦煌，以一口流利的汉语博得王道士的好感，被允许进洞挑选经卷。伯希和是一位汉学家，他在挑选过程中订立了几个标准：一是标有年代的，二是普通大藏经以外的各种文献，三是汉文之外的各种民族文字材料。伯希和以500两白银，从王道士手中换取了藏经洞文物中最精华的部分。

1909年，伯希和把从敦煌得到的收集品运回法国，又从他供职的法国远东学院（在越南河内）来到北京购书，将随身携带的藏经洞文献出示给罗振玉等中国学者，令学者们大为吃惊。罗振玉等学者立即上书清朝学部，要求采取措施，抢救劫余文献。清学部电令敦煌地方政府清点藏经洞文物，并命新疆巡抚何彦升押送至北京，交京师图书馆（今国家图书馆前身）收藏。早在清政府清点之前，王道士就将其中一些好的写本转移收藏，清理、押解的清朝官员又不尽心，并未将藏经洞文物清理干净，在押运途中又损失不少。1910年，运送文物的车辆抵达北京后，押运官何彦升并未马上移交学部，何彦升之子何震彝先将马车接至其家，伙同其岳父李盛铎（木斋）及刘廷琛、方尔谦等人，把许多精品据为己有，后为了充数，又将较长的经卷一分为二，然后交给学部，入藏图书馆。这当然是其中一说。近年来有学者认为李盛铎等人以职务之便，监守自盗，直接从学部攫取敦煌经卷的。

1911 年—1912 年，日本大谷探险队的橘瑞超、吉川小一郎来到敦煌，从王道士手中买到数百写卷。1914 年—1915 年，俄国人奥登堡（S. F. Oldenburg）率考察队到敦煌，除了从王道士手中获得部分写卷外，还劫走了三四百件绢画、纸画、彩塑等艺术品。1914 年，斯坦因再次来到敦煌，花 500 两银子从王道士手里买得 570 个写卷。经过这样一番劫掠，藏经洞文物基本上被瓜分完毕。

敦煌藏经洞的发现，与安阳殷墟甲骨、居延汉晋简册、明清大库档案，并称为 19 世纪末 20 世纪初中国文化史上的四大考古发现，但藏经洞文物却遭遇了中国文物发现史上最悲惨的命运。斯坦因收集的敦煌文献和文物，主要收藏在伦敦的英国图书馆、英国博物馆、印度事务部图书馆。伯希和所得敦煌文物，收藏在巴黎的法国国立图书馆东方写本部和集美博物馆。奥登堡收集品，收藏在俄罗斯科学院圣彼得堡分所和艾尔米塔什博物馆（冬宫）。日本大谷探险队所获敦煌文物，最初收藏在大谷光瑞（大谷光瑞是日本京都西本愿寺第 22 代宗主）的别墅二乐庄，后来由于西本愿寺财政困难，大谷被迫辞去西本愿寺宗主职位，并变卖二乐庄及其所藏文物，大谷探险队所获敦煌文献也逐渐流散到旅顺、首尔、京都等地。运到旅顺的敦煌文献，抗日战争结束后，部分运回日本，藏龙谷大学图书馆，一部分留在旅顺，主体后归北京图书馆（国家图书馆）。至于当年押运官何彦升等人的藏品，大致如下：何家藏品后来卖给日本京都藤井氏有邻馆，李家藏品部分归南京中央图书馆，今在台北，其他大部分则转售日本。除上

1908年2月伯希和考察团努埃特拍摄的莫高窟

奥登堡考察队

正在藏经洞挑选经卷的伯希和

述国家外，印度、丹麦、德国、美国等国家的图书馆、博物馆、美术馆中也收藏有藏经洞文物。目前，初步估算流散在世界各地的敦煌文献约 6 万余件，这些文献连同藏经洞绢画等文物，分藏在世界各地的众多公私收藏机构。藏经洞文物的流散，不仅造成文化史上的浩劫，也给研究者造成了极大的不便。

尽管藏经洞文物流散于世界各地，但它丰富的内涵和珍贵价值，不仅受到中国学者的重视，而且吸引了世界许多国家的众多学者竞相致力于对它的研究，遂在 20 世纪形成一门国际显学——敦煌学，在 20 世纪国际人文社会科学领域大放异彩。敦煌文物所映射的博大精深的中国古代文明引起世界各国的广泛关注，在世界范围内产生了巨大影响。

百科全书式的敦煌文献

藏经洞文物（以下称“敦煌文献”）的发现，为研究中国及中亚古代历史、地理、宗教、经济、政治、民族、语言、文学、艺术、科技提供了数量极其巨大、内容极为丰富的珍贵资料，被誉为“中古时代的百科全书”“古代学术的海洋”，可谓字字珠玑，片片珍贵。

敦煌文献中，大约百分之九十是佛教文献。目前可以确切判定为藏经洞出土的标有纪年的最早写经为英国图书馆收藏的 S.797《十诵比丘戒本》，其题记中有“建初元年岁在乙巳十二月五日戌时，比丘德佑于敦煌城南受具戒”字样，建初为李暠所建西凉年号，建初元年为公元 406 年。这也是敦煌文献的最早纪年。敦煌文献中的佛教经典，经、律、论三类经典应有尽有，而最有价值的则是禅宗经典和三阶教经典。佛教文献中还有不少藏外佚经（即《大藏经》中未收佛经）。藏经洞发现的藏外佚经，除上述有关禅籍、三阶教经典外，还有中唐以后新译的经论和编纂的经疏，包括吐蕃时期在敦煌的高僧昙旷和法成的译著等。这些藏外佚经的发现，不仅可补宋代以来各版大藏经的不足，还为佛教经典和佛教史的研究打开了新的门径。敦煌文献中还保存了许多被佛教界认为真伪未判的经典（“疑经”）和被认为是中国人假托佛说而撰述的经典，即所谓“伪经”，这些疑伪经反映了中国佛教的特点，是研究中国佛教史的宝贵资料。敦煌文献中的梵文、古藏文、回鹘文、于阗文、吐火罗文及与汉文对照的佛经，对摸清汉译佛经的来源及考证佛经原文意义作用很大。敦煌文献中各类佛经的目录也不少。此外，敦煌佛经，尤其是隋唐时期的写经，由于校勘精良，错讹较少，对校勘唐以后的印本佛典也大有裨益。敦煌文献中还有一批寺院文书，其包括寺院财产账目、僧尼名籍、事务公文、法事记录及施入疏、斋文、愿文、燃灯文、临圹文等，是研究敦煌地区佛教社会生活不可多得的材料。

敦煌是古代佛教圣地，道教的发展远不如佛教。但在唐朝前期，由于统治者推崇老子，道教一度兴盛起来，因而在敦煌文献中也保存了为数不少的道教典籍。其中《老子想尔注》，反映了早期道教思想，十分珍贵。

除佛教、道教文献外，敦煌文献中还保存了有关摩尼教、景教的经典，为我们了解古代中西文化交流提供了重要历史证据。摩尼教是公元3世纪中叶波斯人摩尼所创立的一个宗教。中世纪，摩尼教作为一个世界性宗教，影响很大。敦煌发现的汉译摩尼教经典《摩尼教残经》《摩尼光佛教法仪略》《下部赞》，是研究摩尼教思想及其在中国流传情况的重要文献。

景教是基督教的一支（聂斯脱利派），在唐朝太宗时期，聂斯脱利派传教士就把基督教传入中国。敦煌藏经洞中发现了有关唐朝景教的文献，丰富了景教研究的内容。如《大秦景教三威蒙度赞》和《尊经》，就是研究景教仪式和教法的重要资料。

敦煌文献中的历史、地理著作，公私文书等，是我们研究中古社会的第一手资料。以史籍而言，敦煌文献中除保存了部分现存史书的古书残卷外，还保存了不少已佚古史书，这些史籍不仅可补充历史记载的不足，而且可订正史籍记载的讹误。敦煌文献中的一批地理著作，也十分引人注目，这些已亡佚的古地志残卷，是研究唐代地理的重要资料。敦煌文献中还有关于西北地区，特别是敦煌地区的几种方志，更为史籍所不载，如《沙州都督府图经》《沙州、伊州地志残卷》《寿昌县地境》《沙州地志》等，对敦煌乃至西北历史地理的研究意义重大，每一件都是弥足珍贵的史料。

敦煌文献中还保存了大量中古时期的公私文书，这些未加任何雕琢的公私文书，是我们研究中古时期社会历史的第一手资料。这些公私文书，都是当时人记当时之事，完全保存了原貌，使我们对中古社

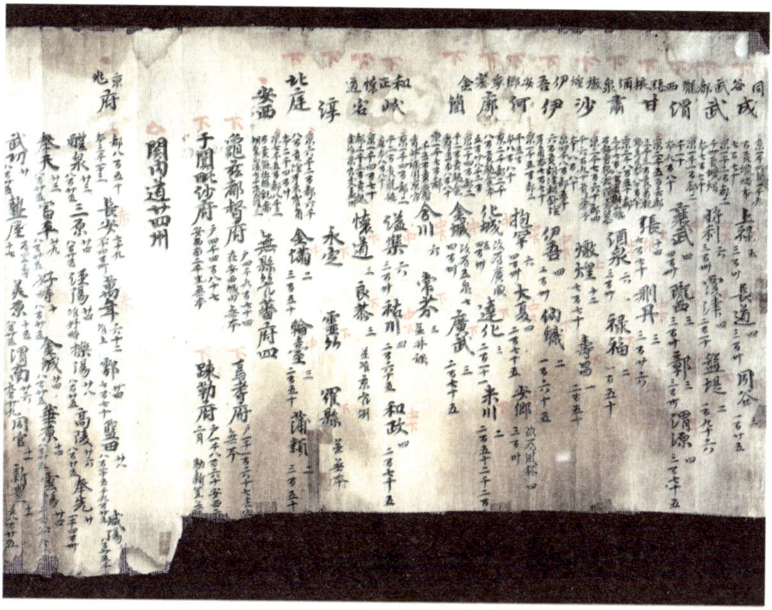

唐代《地志》 敦煌研究院藏

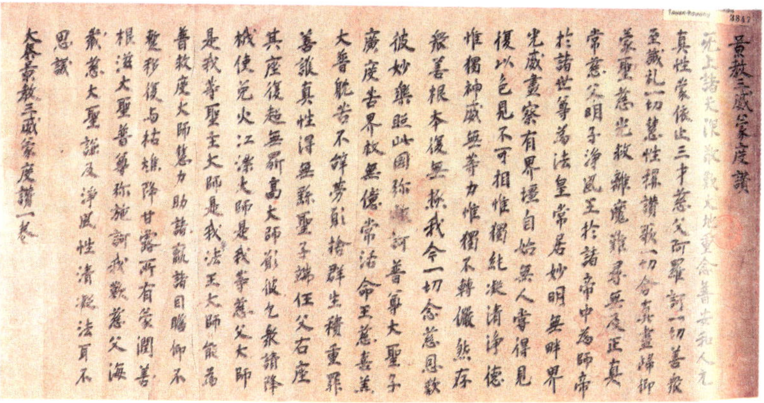

大秦景教三威蒙度赞

会的细节有了更深入的了解，对研究中古历史至关重要。

敦煌文献中保存的大量古典文学资料更为引人注目。它包括《诗经》《尚书》《论语》等儒家经典及诗、歌辞、变文、小说、俗赋等，文学作品除文人作品和某些专集、选集的残卷外，大多都是民间文学作品。变文是敦煌文学中最引人注目的一部分。所谓变文，是一种韵文和散文混合在一起用于说唱的通俗文学体裁。变文作为一种新的文学体裁，过去竟不为世人所知，幸赖敦煌变文的发现，才使这一问题水落石出，从而解决了中国文学史上许多悬而未决的问题。

敦煌文献中的科技史料，则是中国科技史上的一枝奇葩。科技资料主要有数学、天文学、医药学、造纸术和印刷术等方面的内容。如P.2667是一部算学书籍的抄本，其中保存有"营造部第七"的子目和另外两个残失名称的子目，共存13题，算题的内容涉及政治、经济、军事、建筑、织造及社会生活等方面，不仅是研究数学史的重要资料，也是研究其他方面的参考文献。医学类文献，目前所知，至少在60卷以上，如果再加上佛经中的医学内容，则有近百卷，大致可分为医经、针灸、本草、医方四类。这些医书不仅为传世医书的校勘提供了较为古老的版本，同时，由于这些医籍中保存了一些久已失传的诊法、方药，提供了一些不为人所知的内容，不仅对医学研究史有意义，而且在今日临床医学中也有一定参考价值。敦煌文献中保存了公元4至11世纪连续不断的纸张样本，是研究造纸术的活材料。敦煌文献的装帧形式，有卷轴装、梵夹装、旋风装、蝴蝶装、折页本、册子本等，是我们研究印刷史的实物材料。敦煌文献中的唐咸通九年（868 年）《金刚般若波罗蜜经》，是现存最早的雕版印刷品，也是中国发明印刷术的实证。敦煌文献中的写本，实际上是中古书法史的缩影，对研究古代书法艺术的意义自不待言。

敦煌文献中除大量汉文文献外，还有相当数量的非汉文文献，如古藏文、回鹘文、于阗文、粟特文、龟兹文、梵文等，对研究西北民族史和中外关系史有不可估量的作用。如藏经洞发现了数千件古藏文写本，除佛经外，有不少吐蕃典籍、文学作品、世俗文书，为我们研究吐蕃的历史文化，提供了极其难得的史料。古藏文写本《吐蕃王朝编年史》《吐蕃王朝大事记》《小邦邦伯与家臣名表》《吐蕃赞普世系表》，是研究吐蕃历史的珍贵文献。唐朝史籍中，除记载吐蕃攻占敦煌的史实外，对吐蕃统治下的敦煌情况，没有太多记载，而敦煌文献中的古藏文文书和汉文文书，为我们研究吐蕃统治敦煌的历史，甚至吐蕃统治河西、西域的历史，提供了丰富的材料。又如，利用敦煌文献中的回鹘文、于阗文文献，结合汉文文献，可以搞清历史上甘州回鹘和于阗王朝的有关历史。对于在中外文化交流中起过重要作用的粟特民族，敦煌文献提供的证据，则更为重要。

敦煌文献还保存了一些音乐、舞蹈数据，如琴谱、乐谱、曲谱、舞谱等，这不仅使我们能够恢复古代音乐舞蹈的本来面目，而且将进一步推动音乐史、舞蹈史的研究。

莫高窟第 16 窟及甬道北壁 17 窟(藏经洞)

张伟文　摄

王道士与敦煌藏经洞的发现

历史的机遇往往会降临在那些为等待机遇而有所准备的人。人们常常疑惑，敦煌藏经洞的发现，怎么会落在王道士这样一个其貌不扬的人身上？其实，人们更不知道，为了等待这一天，王道士付出了怎样的心血。这并不是为王道士歌功颂德。因为民族的感情，我们把历史的污水全部泼向了王道士，可是历史的责任，怎么能让这样一个卑微的人物来承担呢？

王道士身世

王道士真名叫什么？现在也已很难说清。文献中看得到的有王圆禄、王圆箓、王元箓等，因为他是出家道士，还有一个法号叫“法真”。尤其是“圆箓”“元箓”看上去有明显的道教色彩，所以有人认为这可能是王道士出家为道士后所用的名字。对于王道士的出生地，也存在着两种说法。一种说法是王道士出生湖北。今编莫高窟第

16窟甬道南壁，有立于光绪三十二年（1906年）的《重修千佛洞三层楼功德碑记》一方，其中言道：

而鄂省羽流圆箓，又能宏乐善之心，不辞劳瘁，不避星霜，旋睹迤北佛洞寂寥，多为流沙所淹没，因设愿披沙开洞。

这方碑志是目前关于王道士出生地的最早记录。另一份据说是以王道士名义写出的《催募经款草册》（又名《王道士荐疏》），此《催募经款草册》（现藏敦煌研究院，编号D100311）为梅红纸墨书，其中说道："湖北麻城县人，现敦煌千佛洞住持王圆箓。"如果这句话确实出自王道士之口，那么，王道士出身湖北麻城就应该没有什么问题。想必他也对自己的徒子徒孙讲过自己的出生地问题。现立于敦煌研究院陈列中心对面的道士塔，就是其徒赵玉明、徒孙方至福等人所修，嵌于塔上的《太清宫大方丈道会司王师法真墓志》写道：

夫吾师姓王氏，名圆箓，湖北麻城县人也。

这几条时间很接近的材料表明，王道士的出生地为湖北麻城，应该不是什么争议的问题。

但也有记载说王道士是陕西汉中人。斯坦因在第二次中亚考察游记《契丹沙漠废墟》及考古报告《塞林底亚》中提及王圆箓是陕西人。他说："在我来访8年前左右，从他的老家陕西省来到这里，在荒废了的石窟寺定居下来，然后便开始着手修复这个洞窟。""我准备要付的一大笔钱，足够王氏返回他在遥远的陕西省的老家，去过一种安宁的生活，如果住在敦煌对他来说变得不自在的话。"斯坦因不懂汉语，他关于王道士的信息，主要是通过翻译蒋孝琬之口获得的。显然，王道士对蒋孝琬这个中国老乡说了假话。因为王道士并不是从陕西直接来到敦煌的。前引《王法真墓志》说：

夫吾师姓王氏，名圆箓，湖北麻城县人也。风骨飘然，尝有出世之想。嗣以麻城连年荒旱，逃之四方，历尽魔劫，灰心名利。至酒泉，以盛道道行高洁，稽首受戒，孳孳修炼。迨后，云游敦煌，纵览名胜，登三危之名山，见千佛之古洞，乃慨然曰："西方极乐世界，其在斯乎!"于是建修太清宫，以为栖鹤伏龙之所。

可见王道士是从酒泉出家为道士后，云游至敦煌的。1910 年 5 月，敦煌县政府将劫余的藏经洞文物从敦煌运出，前往北京。事后，敦煌县衙对王道士收藏的经卷进行了复查，敦煌县政府档案中，存有一份宣统二年（1910 年）的《移文》，文中讲道：

敝县覆查千佛洞唐人写本经卷，光绪三十四年曾经该庙主持汉中王道人装成两木桶，油漆采画，封订坚固。其桶空其中心，套立木柱，可以推动旋转，安于佛殿，名曰转经桶。

这是敦煌知县陈泽藩在卸任前给继任申瑞元写的移文，明确说明王道士为汉中人。从"移文"中可知，1910 年，劫余的藏经洞文物由敦煌运往北京后，王道士私藏于"转经桶"的文物却原封未动，只是加盖了两个官印，算是进一步加封，依旧由王道士负责看管。1911 年是新旧政权交替之年，敦煌的知县更换频繁，先是黄金绶，再是陈泽藩，后来又是申瑞元，短短的一两年内就换了三任知县。申瑞元接到

王圆箓

陈泽藩的移文后，于1911年给王圆箓写了一道谕文，谕文中引用陈泽藩的移文说："前县复查千佛洞唐人写本经卷，光绪三十四年曾经该庙住持汉中王道人装成两木桶。"敦煌当地政府官方文书中明确指出王道士为汉中人，说明王道士有在陕西生活的经历。

这里，我们就非常有必要对王道士来敦煌之前的经历做一些考察了。王道士墓志说他"以麻城连年荒旱，逃之四方，历尽魔劫，灰心名利。至酒泉，以道盛道行高洁，稽首受戒，孳孳修炼"。虽则过于简略，但大致可以说明王道士因其家乡遭受灾荒，逃亡他乡，后辗转来到酒泉，在酒泉出家当了道士。据《麻城县志》记载，咸丰六年（1856年）因为夏季干旱，"禾麦尽槁，斗米千钱，人有菜色，野有饥莩。" 正在童年时期的王圆箓，遇到这样的自然灾害，只好随家人逃荒在外，流落他乡，陕西汉中很可能就是他们最初的落脚点。这可能也是王道士对外说自己是汉中人的缘由所在。只是对这段不很光彩的历史，王道士本人也不愿提起，他的徒子徒孙们也只好以"历尽魔劫"搪塞其事。

王道士又是怎么样到酒泉的呢？著名画家张大千在其所著《莫高窟记》说："清光绪年间，有湖北人王元箓者，初在肃州巡防军为卒，后出家为道士。"画家谢稚柳在《敦煌石室记》中也说："盖自光绪年间，有湖北人王元箓，初在肃州巡防军为卒，后退伍为道士。"张、谢二人1941年—1943年间曾在敦煌考察、临摹莫高窟壁画，且对王道士生平做过调查，所记应该不误。王冀青先生认为王道士从陕西当兵到肃州的可能性是很大的。1868 年，左宗棠率领以两湖子弟为主的湘军，进入甘肃镇压回族起义。1875 年又负责平定新疆阿古柏叛乱。1876 年左宗棠坐镇甘肃，指挥湘军作战，于次年收复新疆。20 多岁的王圆箓大概就是 1875 年前后当兵来到酒泉的。王圆箓在酒泉当兵期间，可能受到道教的影响，退役之后，皈依道教，在师傅道盛门下受戒，正式成为道教信徒。

王道士死于 1931 年，死时年龄有多大，没有文字记载。1941 年秋，考古学家卫聚贤随同国民政府监察院长于右任去西北考察，10 月初抵敦煌。卫聚贤在敦煌考察期间，除了现场察看莫高窟壁画和彩塑艺术外，还专程去了敦煌县政府，查阅了有关藏经洞的大量档案，后写成《敦煌石室》一文，发表在由他主编的《说文月刊》1943 年第 3 卷第 10 期上。根据卫氏调查，认为“王道士死于民国二十年农历四月十八日，时已八十余岁”。卫氏考察敦煌时，距王道士去世刚好十年，其关于王道士年龄的记载应该比较准确。至于具体日期，卫聚贤所记与王道士墓志所记略有出入，但这已不妨碍我们对王道士生平的考察了。

综上所述，根据莫高窟前的王道士墓碑和当时的零星记录，我们可以将王道士生平大致勾勒如下：王道士，湖北麻城人，名圆箓，法号法真，大约生于清道光三十年（1850 年），死于民国二十年（1931 年）。大概出身农家，小时候上过几年学。以后由于家乡连年灾荒，逃往他乡谋生。这段逃难的过程，没有任何详细记载，在王道士墓碑里也仅提到他“历尽魔劫，灰心名利”，最后在甘肃西部的肃州（今酒泉）的巡防营中，当了一名士兵。退伍以后，他在酒泉出家当了道士，后来离开师傅，大约在1899年前后云游到敦煌莫高窟，住了下来，并把下寺改造成了道观。

王道士在敦煌的主要活动与藏经洞的发现

王道士来到莫高窟后，可能是凭其能说会道，办事干练，很快就成为莫高窟的当家道士。当时敦煌民间对佛道二教区分并不十分严格，常常一同信奉，甚至混为一体。因此，王道士在莫高窟定居后，并未引起当地群众的反感，加之他讲汉语、懂汉文道经，比居住于莫高窟上寺、中寺里信仰藏传佛教、诵读藏文佛经的喇嘛更容易接近敦煌群众，所以请他做道场、礼忏、祈福的逐渐增多。据说，敦煌当地人称他为“王阿菩”，意思说他像菩萨一样积功德，行善事。他没有上过学，只能读一点经文，他非常节俭，除了庙会期间，一年大部分时间都在四处云游化缘，将募捐的钱财用于庙宇的修缮。王道士文化水平不高，对道教的理解也很浅薄，但对道教的信仰却很虔诚。他利用善男信女们的施舍及化缘得来的钱财，按照自己对道教的理解，对莫高窟进行改造。由于莫高窟下层洞窟多被流沙掩埋，因而，清理洞窟积沙就成为一项重要工作。

一天清沙的人将离下寺最近的三层楼（现编号第16窟）清扫完毕，甬道北壁裂开了一道缝隙，但并未引起人们注意。后来，王道士又雇杨某在16窟甬道里放一条案桌，在此伏案抄经。1900年6月22

日（清光绪二十六年五月二十六日），杨某像往常一样在抄经休息之余，点燃旱烟吸了起来，当他把燃剩的芨芨草插进甬道北壁的裂缝时，竟插不到底，杨某异常惊诧，用手敲了敲墙壁，感觉里面是空的，便立即将此事报告给王道士。等到夜深人静之时，王、杨二人打开墙壁，去掉封泥，找到洞口，发现了堆满写本及绢画、法器等物的藏经密室。敦煌藏经洞——一个20世纪人类文化史上的重大发现，就这样在不经意间被一个没有多少文化的道士打开了。

藏经洞的本来面目

藏经洞现编号第17窟，位于第16窟甬道北壁。据有关文献记载，第16窟历史上称为“吴和尚窟”，一名“吴僧统窟”，是晚唐大中五年至咸通三年（851年—862年），由当时敦煌地区佛教界最高领袖河西都僧统洪䛒法师所建。该窟呈方形，面积240平方米，窟顶为覆斗顶，主室中心设马蹄形佛坛，存有清代改修的宋塑9身，坛后有大型通顶的背屏，绘唐及宋画。四壁壁画为重层，表层绘绿底千佛。1981年，敦煌文物研究所在整修此窟壁画时，曾发现底层晚唐壁画。窟顶为浮塑贴金的团凤四龙藻井，四披为贴金棋格团花画案。甬道两壁绘说法图及供养菩萨。藏经洞原是洪䛒法师在其窟内特意设计开凿的一小方室，以便修禅之用。此窟平面近于方形，覆斗形窟顶，从地面至窟顶高3米。北壁贴壁建长方形禅床式低坛，其侧面和前侧面画有壶门、衔灵芝的鹿、茶花边饰和云头僧履，坛上泥塑洪䛒像。北壁画菩提树二，枝叶相接，以示洪䛒在此树下坐禅。菩提树左侧画一比丘尼，双手捧持对凤团扇，右侧画一近事女，一手持杖。两棵菩提树上，分别悬挂僧人使用的净水瓶和挎袋。西壁嵌大中五年（851 年）洪䛒告身碑一通。1900 年发现藏经洞时，此碑即在窟内，斯坦因、伯希和劫经时碑尚立于该窟。后被王道士移至第 16 窟甬道南壁。1964 年，敦煌文物研究所复将此碑移入藏经洞，嵌于壁龛原处。碑高 1.5 米，宽 70 厘米。碑文分为三段，从上而下是：洪䛒告身、敕牒诏书、敕赐衣物录本。藏经洞内塑洪䛒像，画有关他的生活场面壁画，刻告身碑等，其用意是为了“标范奉祀”。碑文前特别注明：“当家告身依本镌石”和“诏书本”，就在于显示唐王朝对洪䛒的器重和褒奖，“庶使万岁千秋不朽不坏”，以作永久性纪念。

洪䛒其人，正史中少有记载。根据 P.4640《吴僧统碑》、P.2913《大唐敦煌译经三藏吴和尚邈真赞》和敦煌研究院藏《唐敕河西都僧统洪䛒告身碑》及其他有关资料，可略知其生平。洪䛒俗姓吴，即吴和尚、吴僧统。祖籍不详，但并非敦煌旧族。其父吴绪芝，曾任建康军使，后戍军甘、肃两州之间。吐蕃占领凉州后，河西节度使杨休明移镇沙州，并于唐代宗大历元年（766 年）发建康军戍镇沙州。吴绪芝及其子也随军移驻敦煌。唐德宗建中二年（781 年），吐蕃攻占沙州，吴绪芝隐居不出，拒不出任吐蕃官职。洪䛒“童子出家”，以“约法化人，盛于佛事”。由于其悉心研读汉经梵典，兼习番文藏语，成为出色的译经僧，被吐蕃赞普委任为“知释门都法律兼摄行教授”，十数年后又“迁知释门教授”，主持译场寺院中贵族子弟学校的文化

敦煌莫高窟藏经洞内景

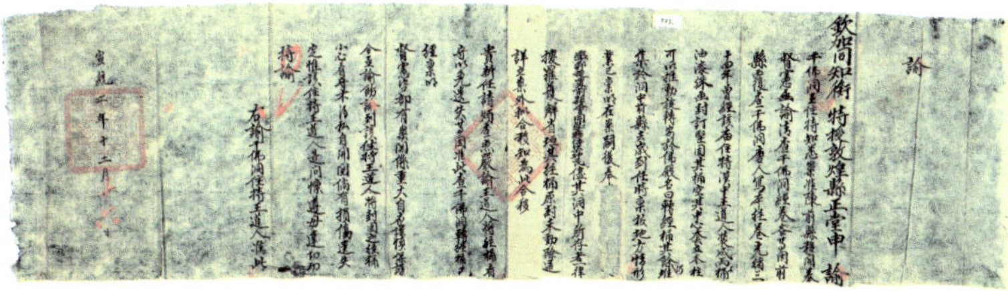

《敦煌县正堂申谕》 敦煌研究院藏

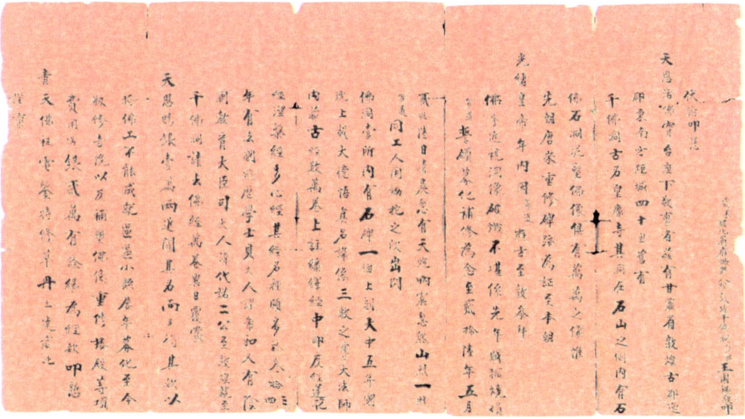

《催募经款草册》 敦煌研究院藏

教育及其他宗教事务工作。洪䛒虽“栖心释氏”，但终不负父辈之众望，唐大中二年（848年）张议潮起事后，洪䛒即遣弟子悟真随议潮所派入朝使同赴长安。唐宣宗赞其“惟孝与忠，斯谓兼美”，于大中五年（851年）敕授洪䛒为“京城内外临坛供奉大德”及“河西释门都僧统知沙州僧政法律三学教主”，赐紫衣及各色信物，并亲示诏书，勉辞委婉，恩宠殊异。唐懿宗咸通三年（862年），洪䛒“掷钵腾飞”，逝于沙州。洪䛒圆寂后，其下属僧徒或吴姓本家，遂将洪䛒生前的禅窟改建为“影堂（纪念堂）”，以示对这位高僧大德的永久纪念。

封洞之谜谁人知

历史经常会跟我们开个玩笑，留下许多扑朔迷离的故事，让后代人费尽心机去琢磨或破解。王道士在敦煌莫高窟一个不经意的行为，为我们打开了一扇认识中国的神秘之门。可是，包括王道士在内的每一个人，都不知道它是何时封闭的？它为什么变成了藏经洞？它封闭的原因何在？由于没有发现可信的文字记载，找到可信的相关证据，直到现在还是一个无法解开的历史之谜。

相信不少人看过日本作家井上靖的小说《敦煌》，或者看过根据该小说改编拍摄的电影《敦煌》，镜头中西夏军队长驱直入敦煌，信仰佛教的敦煌军民在抵御西夏军队进攻的斗争中，将收藏在各寺的经书、绢画、法器等，秘密运进今日我们所说的藏经洞中，然后封闭洞门，彩绘壁画。900 年后，洞门被王道士打开，从此成为 20 世纪初中

1908 年的莫高窟

国乃至世界文化史上不得不说的一件大事。当然，这仅仅是一个作家的猜测，可这一猜测也并非空穴来风，有着学者的研究成果做支撑。但无论是作家，还是学者，都无法确定藏经洞封闭的真正原因，中外学者根据各种旁证材料，提出了各种假说，试图解开这一千古之谜。我们也仅仅在这里罗列各种不同的假说，为大家提供一个不同的视角，期待大家都来关心和探讨，有一天能揭开谜底。

（一）避难说

最早论及藏经洞封闭时间及原因者，是法国人伯希和。伯希和根据洞窟中无西夏文文书，而藏文卷本、汉文卷本、绢本画幅、缯画壁衣、铜制佛像及石碑，均杂沓堆置，藏经洞中的卷本所题年号，其最后者为宋初太平兴国（976 年—983 年）及至道（995 年—997 年），因而洞窟的封闭，必在 11 世纪之前半期。最可信者，是 1035 年西夏人入侵敦煌时为避外寇而仓皇封闭的。

伯希和的这一观点，也得到我国一些学者的认可，如罗振玉、姜亮夫等。1980 年，阎文儒发表《莫高窟的创建与藏经洞的开凿及其封闭》一文，更全面地阐述了这一论点。认为藏经洞的封闭年代，应注意到统治敦煌的民族和洞内的藏经。敦煌曾受到非汉族的统治多年，在洞内仍然保存着吐蕃人应用的藏文经，而另一少数民族政权——西夏同样也统治了这一地区相当长的时间，这个民族是有自己文字的，而且也信奉佛教，但洞中却看不到西夏文字的经卷。这是因为 1035 年西夏占领瓜州、沙州时，藏经洞已被封闭了。

公元1035年，即宋仁宗景祐二年，亦即西夏入侵敦煌时，当地的人们不可能知道这个民族也信仰佛教，仓促之间，将各寺的写经都集中起来，收藏在洪䛒的影堂内，并且将窟门封闭，重绘了16号窟壁画。据敦煌文物研究所对西夏洞窟的调查与排年，16号窟应该属于西夏早期的创作。因此，人们只能认为藏经洞是为避乱而封闭的。同时，按人情事理来推论，这种封闭一定是由于一个大的政治变乱而引起，而这个变乱，根据敦煌历史，最大的应是西夏占据瓜、沙、肃诸州，故藏经洞也封闭于此时，即1035年。

对于避西夏说，一些学者提出了不同的看法，认为导致藏经洞封闭的原因是11世纪初伊斯兰教的东侵。荣新江先生认为，从1002年往后，西北地区最重要的历史事件，首先就是1006年于阗佛教王国灭于信奉伊斯兰教的黑韩王朝。因为于阗与沙州的姻亲关系，970年于阗国王曾致函其舅归义军节度使曹元忠，请求发兵援助抵抗黑韩王朝。当于阗陷没后，大批于阗人东逃沙州。于阗僧人所带来的伊斯兰教东进的消息，要比信佛的西夏人到来的消息可怕得多，因为黑韩王朝是经过近四十年的血战才攻下于阗的，他们对于阗佛教毁灭性的打击，应当是促使三界寺将所得经卷、绢画等神圣的物品封存洞中的直接原因。而由于黑韩王朝并未马上东进，所以，封存活动是主动而有秩序地进行的，并且在封好的门前用壁画做必要的掩饰，以致当事者离开人世后被人们长期遗忘。

(二) 废弃说

《西域考古图记》一书，是斯坦因第二次中亚探险的正式考古报告。在该书中，斯坦因根据他在洞中所藏一些包裹皮中发现的一批相当数量的汉文碎纸块，以及包皮、丝织品做的还愿物、绢画残片、画幡木网架等，认为这些东西是从敦煌各寺院中收集来的神圣废弃物，藏经洞就是堆放它们的处所。斯坦因还根据其所见写本和绢画题记最晚者为10世纪末的情况，推测洞窟的封闭是在11世纪初叶。这一观点，就是我们所称的“废弃说”。

我国学者支持“废弃说”的代表人物是方广锠先生，他认为“避难说”实难自圆其说。这是因为藏经洞内没有整部大藏经和其他珍贵物品，大多是残卷断篇，夹有不少疑伪经，甚至还有不少错抄之废卷与涂鸦之杂写，乃至作废的文书与过时的契约，等等。在藏经洞封闭时，即曹宗寿当政时期（1002年—1014年），敦煌已向内地乞求配齐了藏经，也曾从朝廷乞求到一部金银字大藏经，还有锦帙包裹、金字题头的《大般若经》，如系避难，它们理应珍藏其中。为何整部大藏未被收藏，所藏的反而是残部破卷？因此其真正的原因并不是避难，而是在于“这一批文书对当时的敦煌僧众来说已完全失去了实用价值，故而废弃”。提出“废弃说”的理由：第一，中国人一直有敬惜字纸的传统。在古代，纸张珍贵，对地处西陲的敦煌来说更是如此。据敦煌遗书中的抄经记录，当抄经时，每人所领纸张均要记账，如果抄错，必须凭废纸换好纸。废纸并不抛弃，而是留待他用。第二，佛经经过长期使用之后，难免会破损，但对这种不堪再使用下去的经典是不允许抛弃的，而是另行收藏。第三，从现存遗书可以知道，敦煌寺庙经常清点寺内的佛典及各类藏书，查看有无借出而没有归还的，或有无残破而不堪使用的。第四，宋代四川的刻本经典传到敦煌，朝廷又颁赐了金银字藏，敦煌的经典大为丰富。大概在曹宗寿当政时期，敦煌进行了一次比较彻底的大规模的寺藏图书清点活动，将清理出来的一大批无用的另部残卷和各种无用的文书与废纸，挑选了一个不太重要的洞窟，统统封存进去，然后在外面重新画上壁画。由于是一堆无用的东西，自然不会有人把它们放在心上，年深日久，也就被遗忘了。

（三）书库改造说

在 1979 年巴黎国际敦煌学术讨论会上，日本学者藤枝晃提出了“书库改造说”。他在《敦煌“藏经洞”的一次复原》一文中认为，在公元 1000 年左右，折页式的刊本经卷，已从中原传到敦煌，因此，必须改变藏书室的位置，故将使用起来不方便的卷轴式佛经以及许多一直分散的杂物一并封入石窟。对此说法，国内有人补充说，莫高窟每年有多次庙会和佛教节日，四面八方的来客很多，人多手杂。为了防止入藏的卷轴式佛经被人拿走，每次庙会或节日都得派出一人看守“藏经洞”，而庙里的人手又少。入藏者毕竟是古物，对于后世僧侣们来说，许多东西都是很神圣的，少了哪一件也不行，因此，就干脆砌上墙，封起来了。

书库改造说实际上是废弃说的另一版本。

（四）三界寺藏经说

对于藏经洞封闭的原因，荣新江先生倾向于“避难说”，但对于藏经洞的性质，则提出了新的看法。荣新江先生指出，斯坦因最原始的考察报告，基本反映了藏经洞的大体面貌。汉藏文佛典是分帙整齐地存放的，其他文字材料和绘画也都分类包在一起，这些主体内容很难被看作是废弃物。由于斯坦因当时不懂得汉文佛典在中古时代的图书馆中是分帙存放的，也为详究为什么许多保存完好的文献和绘画都包好了放在一起，他在讨论藏经洞封闭时片面强调了藏经洞中的一些残品，而忽视了他本人所看到的大量完整的资料，从而得出废弃说的看法。斯坦因作为一个不懂汉文的西方考古学家，他当然不懂中国古代的经帙制度，因而影响到他的结论的可靠性。

当然，我们也不否认藏经洞内也有相当数量的佛典残片和丝织品残块等今天看来应当废弃的东西，但这些东西究竟是否是废弃物，这关系到我们对五代宋初敦煌地区各寺院的收藏情形的认识。从吐蕃统治时期到五代宋初，敦煌各寺佛典的缺欠是普遍现象，在敦煌文献中有许多这一时期的欠经目录、缺帙录、补写佛经目录、向中原乞经状等，说明这种情况的持续存在。三界寺是敦煌地区的一个小寺，敦煌研究院藏 D0345 号《三界寺见一切入藏经目录》是长兴五年（934 年）六月比丘道真清理的三界寺藏经目录，国家图书馆新 0329 号《见一切入藏经目录》则是道真收集修补佛经后的登录。从后者的情况来

莫高窟北区

孙志军　摄

莫高窟南区

杨秀清　摄

莫高窟第 17 窟(藏经洞)

看，补充后的三界寺经藏仍然是部帙不全的，而且，值得注意的是，道真修补的这部不全的藏经中，有一些正统佛藏排斥的三界教经典、疑伪经和禅籍。这个目录有助于我们理解藏经洞所含佛典的情况，即部帙不全，真伪混杂，如果按《开元录》组织的唐五代寺院中完整规范的藏经来要求藏经洞藏品，当然就会认为他们是废弃物，但当年三界寺的藏经本来就是如此。

由于三界寺是一个小寺，无法雇用大量写经生来抄写佛典，所以道真采用从各寺收集古旧佛典抄本，修补集成的做法，藏经洞出土的一些非三界寺的写卷，应当就是这样从各处搜集的结果。另外，因为莫高窟是敦煌民众供养佛像和佛经的主要场所之一，所以，在三界寺中应当有相当数量的供养经和佛画。至于道真从各寺搜罗来的古坏经文，也是作为有待修补的材料保存在三界寺，并最终进入藏经洞。斯坦因所见藏经洞中的残经废纸、木轴引首、经帙残片及丝带等，是作为修补佛经、收拾绢画的材料而保存在那里的，它们对于敦煌的一些大寺可以说是废物，但对于三界寺来说，却不能说是废品。

据道真以沙州释门僧政的身份签发的《辛亥年（951 年）腊八燃灯分配窟龛名数》，俄藏敦煌文献 дx.1400+дx.2148+дx.6069《于阗天寿二年（964 年）九月弱婢佑等牒》记宕泉造窟和三界寺供养事，以及 P.2130 题记“三界寺道真，经不出寺门，就此灵窟记”等材料，可以证明道真所在的三界寺位于莫高窟前。藏经洞原本是归义军初期的河西都僧统洪䛒的影窟，大概是因为距三界寺寺址较近，故此在 10 世纪中叶渐成为道真收罗古坏经卷修补佛典的储藏所，放置佛典残卷和一些供养具。其中既有完整的藏经，也有绢画、法器乃至残经。在很长一段时间里，它一直是由道真管理的。除上面所提到的藏经洞文献与文物与三界寺藏经和供养之间的种种联系外，敦煌写经中带有寺院标记的写本，以三界寺最多。所以藏经洞的主体文献佛典和供养具，原是三界寺的藏经和资产。至于藏经洞封闭的原因，最有可能的是和1006年黑韩王朝（哈喇汗王朝）灭于阗王国事件有关。

（五）末法思想说

2000年，在敦煌举行的国际学术会议上，梅林即提出了1052年末法到来说与藏经洞封闭的关系问题。2006年，沙武田在《中国史研究》杂志上发表文章，详细阐述了藏经洞封闭与末法思想的关系。

归义军政权对敦煌的统治，在宋开宝七年（974年）之后的曹元忠时期就开始出现新的变化，已出现了“回鹘化”。沙州回鹘作为当地一支强大的势力崛起于敦煌，形成了对曹氏归义军极大的威胁，并伴随曹元忠的去世，归义军政权逐渐控制在回鹘人手中。以至于到了归义军晚期的曹宗寿、曹贤顺时完全成了回鹘人的傀儡，沙州回鹘成了敦煌的主导力量。此时敦煌又面临着甘州回鹘的不断侵袭，二地交恶不断，同时西夏人西进的消息不断传来。在此情形下占据着敦煌佛教核心的传统世家大族集团，无疑在心理上产生了极大的不安，对敦煌现实和前途无望的忧虑最终变成了对佛教理想世界的担忧，于是末法思想的产生便顺理成章，这一点集中反映在莫高窟归义军晚期和回鹘洞窟营建的大大衰落，以及一些表现末法度人思想题材，如千佛变的大量表现，还有洞窟中供养人画像的消失等诸多因素。但是要全面而深入地了解末法思潮对敦煌佛教的影响仍需更多资料的发现。遗憾的是在最有说服力的佛教史料和藏经洞资料中均没有发现有关的蛛丝马迹。但是我们却意外地发现当时末法思潮在与敦煌有密切关系的辽有特别的反映。

在佛教发展历史上，多将佛教分为正法、像法、末法三个时期，据《大乘法苑义林章》卷六记："佛灭度后法有三时，谓正、像、末。具教、行、证三名为正法；但有教行，名为像法；有教无余，名为末法。"（《大乘法苑义林章》卷六，《大正藏》第45册，344页。）一般认为佛教的发展在经过正法、像法两个阶段后进入末法时期，末法时期佛法灭绝，此时佛、法、僧三宝将灭，众生不求佛法，僧尼亦不种善根。北凉译经高僧昙无谶、道朗等人提倡末法之说，并提出了"正法五百年、像法一千年、末法一万年"的论断。之后，隋代法琳（572年—640年）著《破邪论》，推论公元1052年末法来临。

人们普遍认为，要弄清藏经洞封闭的时代，首先要考察清楚藏经洞最外层即莫高窟第16窟甬道表层壁画的重修时间，因为这一层壁画就是为了掩盖藏经洞而重修的，重修时间应即为藏经洞封闭的直接时间，这是弄清藏经洞封闭时间最直接也是最有效的证据，因此探讨这一问题是揭开藏经洞封闭时间最关键的一步。莫高窟第16窟现存表层壁画的基本内容是，甬道南北二壁供养菩萨各一排，上层画说法图各一排。主室千佛变，四壁全为千佛。东壁门上画有一大莲花，是同时期洞窟壁画中常见此位置表示千佛变中“末法度人”情节的缩略简图。换言之，藏经洞外层壁画正是晚唐五代宋和回鹘、西夏时期末法思潮在敦煌流传的表现。敦煌末法思潮的流行，恰与1052年前后辽朝“末法住世”思潮的流行关系密切。

敦煌曹氏归义军晚期与辽有非同一般的关系。早在曹氏第二任节度使曹元德时期敦煌就已经与辽建立了关系，发展到曹宗寿、曹贤顺时期（1006年—1020年），二地更是关系密切，因此辽的末法思潮便也传到敦煌，与敦煌原有的末法思想相结合，在敦煌的佛教界产生了巨大的影响，于是敦煌佛教教团便采取了以绘画表示“末法度人”的千佛变、藏经洞“存经以备法灭”等一系列活动为代表的措施，表达了对末法的恐慌与“佛法即将灭尽”的忧虑。佛教徒们为了挽救佛法灭于如此末法末世，因此往往会采取一系列措施，刻经造像，开窟建寺，藏经葬法均为常见。敦煌与辽的交往，集中在归义军曹贤顺1014年—1036年的前期、1020年以前的一段时间。也就是说辽的末法思潮对敦煌影响最大的可能性就在此一段时间，因此藏经洞封闭的时间在此间段或稍后的可能性很大。这一时间段与现今学术界的大多观点较为一致，也与藏经洞文献有最晚纪年的俄藏F.32A《施入记》中“咸平五年（1002年）”的时间相差不是很远。

刚刚移出藏经洞的汉文写卷

斯坦因拍摄的莫高窟第427窟一带

(六)佛教法供养观念说

敦煌研究院的张先堂先生，近年从佛教法供养的观念出发，提出藏经洞藏经是法供养的产物，藏经洞的封闭则是有计划地将残破的佛经予以恭敬妥善的安置。

大乘佛教特别重视法供养思想。法供养的对象是十方三世诸佛所说之经，这就把法供养明确指实为佛经供养，同时说明凡是听闻、信解、受持、读诵、解说、宣明、守护佛经等行为，都可称作法供养，这可以说是广义的法供养概念。在总数达五万余件的莫高窟藏经洞文献中，佛经占90%以上，基于古代佛教法供养观念和南北朝隋唐五代法供养即佛经崇拜活动的历史背景，我们认为敦煌莫高窟藏经洞藏经是法供养的产物。

从莫高窟藏经洞藏经最初产生的根源看，它们是由于不同时代、不同地区、不同人们出于不同现实功利目的和愿望而抄写、受持、诵读，但都出于一个共同的佛教信念——供养佛经。从时代来看，莫高窟藏经虽然多产生于唐、五代、宋初，但也有一些其他时代的写本，很难相信那些十六国南北朝时期古老残破的佛经写卷，在唐、五代、宋初时还会在日常的佛经流通中被人们受持、捧读，但佛教信徒出于法供养的观念，仍将这些古老写经精心保留以求永世长存。从地区来看，莫高窟藏经虽然大多数为敦煌本地人所写，但也有来自其他地区的写经，可以说来自四面八方。这固然反映了敦煌在南北朝、隋、唐、五代、与中原、西域各地密切的文化交往关系，但从中也可以看到佛教法供养追求佛经流通世界八方的观念及其结果。从佛经的供养人来看，来自社会各阶层，有王公贵族、地方高官，更多的佛经供养人则是南北朝、隋、唐、五代、宋初的僧俗弟子。虽然佛经供养人的社会地位、身份各不相同，但他们都有相同的信念——供养佛经。所以我们几乎在每一篇佛经供养题记中都可以读到抄写、受持、读诵、流通、供养这些有关佛经供养的字眼。

从莫高窟藏经洞佛经的结构来看，多达几万件的佛经写卷却不能构成一部完整的大藏经，而有些佛经存在大量重复抄写以至数量奇多的现象。藏经洞的佛经应该不属于寺院作为一切经而收藏的典藏经，而主要是两部分：一部分是在典藏经、法事经中因受损不堪使用而不再使用的佛经，所以残卷多；一部分是为做功德抄写的佛经。做功德抄写佛经，往往选择当时社会中普遍接受或最为流行的佛经，因而造成经藏佛经多，论藏佛经少。这种现象其实也与南北朝、隋、唐、五代法供养——佛经崇拜的普遍历史背景及敦煌地区特殊的佛经崇拜活动特点有关。

从莫高窟藏经洞佛经的处置方式看，是有计划地将残破的佛经予以恭敬妥善的安置，这也是佛教法供养——佛经崇拜的一种体现形式。佛经在被信徒长期大量受持、读诵使用后，难免会破损、残缺，对于这些残破经卷，恭敬、慎重的处置方式是佛教法供养最直接的表征。

莫高窟藏经洞以佛经为主的佛教文物显然是被有计划地、主动地放置在其中的。藏经洞为什么要封闭？过去人们多从外部的社会历史背景推测其缘由，其实更应该从佛教内部的信仰观念、宗教规制去寻找缘由。我们推测藏经洞的封闭本身可能就是佛教的一种供养方式，即把残破的、不再使用的佛经、佛像主动封存起来，使之永久保存。藏经洞的佛经以三界寺为主，同时还有显德寺、龙兴寺、报恩寺、净土寺等其他寺院的，涉及晚唐五代敦煌主要寺院，因而藏经洞佛经等文物的封闭应该看作是敦煌佛教教团整体的、有组织有计划的安排。正如学者们指出的，我国古代佛教对于残破的、不再使用的佛像、佛经之类佛教宝物，不会任意丢弃，而是有一种传统的处置方法，即另行安置庋藏，所以，在许多地方都有地下埋藏、窖藏、穴藏的古代佛教造像被考古发现。莫高窟藏经洞内以佛经为主的佛教文物可能也属于这样的供养方式。当然，由于特殊的因缘，莫高窟藏经洞的规模之大超乎任何地方，并且完整地保存下来，由此也为中华民族乃至整个人类留下了无与伦比的文化宝藏。

也许我们永远无法解开藏经洞封闭之谜，但学者的努力，总是越来越向着谜底方向接近，也许有一天，藏经洞封闭之谜会在我们的期待中大白于天下。

最后宝藏何处寻

——李盛铎旧藏敦煌文献的最后归宿

敦煌藏经洞文献出土后，一个流行的说法是1909年，伯希和把从敦煌得到的收集品运回法国，又从他供职的法国远东学院（在越南河内）来到北京购书，将随身携带的藏经洞文献出示给罗振玉等中国学者，令学者们大为吃惊。罗振玉等学者立即上书清朝学部，要求抢救劫余文献。清学部电令敦煌地方政府清点藏经洞文物，并命新疆巡抚何彦升押送至北京，交京师图书馆（今国家图书馆前身）收藏。1910年，运送文物的车辆抵达北京后，押运官何彦升并未马上移交学部，何彦升之子何震彝先将马车接至其家中，伙同其岳父李盛铎（木斋）及刘廷琛、方尔谦等人，把许多精品据为己有，后为了充数，又将较长的经卷一分为二，然后交给学部，入藏图书馆。由于李盛铎所获敦煌藏经洞文献数量最多且价值颇高，因而李盛铎所获敦煌文献的下落，最为社会所关注。李盛铎晚年因涉官司，子女们开始将其所藏敦煌文献分次出售。1935 年 12 月，李盛铎所藏 432 件敦煌藏经洞文献以八万元日金出售日本某藏家，从此下落不明。20 世纪 80 年代以来，英国图书馆、法国国立图书馆、俄罗斯圣彼得堡东方学研究所及中国国家图书馆等敦煌文献的主要收藏地先后公布了各自所藏文献的图版，李盛铎所藏敦煌文献更成为学术界苦苦追寻的最后宝藏。

那么，李盛铎所藏敦煌文献精品，究竟花落谁家呢？

李盛铎何人也？李氏（1858 年—1937 年），字椒微，号木斋，江西德化（今九江）人。1889 年中殿试一甲第二名（榜眼），赐进士及第，授翰林院编修，后任国史馆协修。曾任江南道监察御史，京师大学堂总办。1898 年 10 月，前往日本视察，此后任出使日本大臣（驻日公使），1901 年 11 月他结束任职归国，此后补授内阁侍讲学士、顺天府署理太常寺卿。1905 年—1906 年，他被任命为出使比利时大臣（驻比利时公使）。1906 年 9 月，他离任归国，任山西提法使。以后任山西布政使、署理山西巡抚。民国元年（1912 年）三月，任袁世凯的大总统府政治顾问。历任参政院参政、约法会议议员，署理农商总长兼全国水利局总裁、参议院议长等职。晚年寓居天津，不问政事，喜好收集古籍。1937 年在天津病逝，享年 79 岁。

李盛铎出身于封建官僚家庭，书香门第，代传藏书家风。家藏书始于祖父李恕，建有“木犀轩”，藏书已数万卷。父李明墀，亦广收书。至李盛铎时，有书 10 万余卷，先后收有海内外许多名家藏书。

李盛铎继承父辈嗜好，从小乐于搜集名家著述，数十年如一日，成为中国近代最负盛名的藏书家。其出使日本期间，结识藏书史研究学者岛田翰，购买了许多流散在日本的汉籍善本书，亦多朝鲜和日本的古刻本和抄本，不少是国内久佚之书。“木犀轩”乃其藏书楼总称。他不仅是藏书家，又是校勘家、版本家、目录学家，对所藏善本，皆逐一批订，或考证著者平生，或品译著述旨趣，或叙述得书经过、收藏源流及版本价值。著有《木犀轩藏书题记及书录》，编有十多种版本的藏书目录、藏书人表。编撰藏书目录有《木犀轩藏宋本书目》《木犀轩收藏旧本书目》《德化李氏行笈书目》《木犀轩收藏旧本书目》《木犀轩藏书目录》《木犀轩无板书目》等十多种。以李盛铎的学识，其所收藏的敦煌藏经洞文献自然价值非同寻常。

前述李盛铎利用职务之便窃取藏经洞文献的说法，荣新江先生认为主要是受罗振玉先生的影响，李盛铎很可能是从学部直接获得敦煌写卷的。荣先生指出，在1910年敦煌经卷从甘肃运抵北京后不久，日本京都大学派遣了内藤虎次郎等五名教员，前往北京调查敦煌文献，在清学部看到约700卷写经。他们回国后作了一些报道，把一些写卷本全卷或部分的照片提供给松本文三郎研究。松本文三郎在《敦煌石室古写经之研究》一文中列举了这些写经的名称和有年代写本的题跋，值得注意的是，他所提示的写经都是后来著录于《李木斋氏鉴藏敦煌写本目录》的李盛铎藏卷。既然京都大学教员在学部看到的经卷后来到了李盛铎手中，可知李氏等人实际上是在经卷入学部后才攫取到手的。李氏当时从国外回来，尚未外放，在学部任职；刘廷琛也是学部大臣，故此近水楼台，监守自盗。

进入民国后，李盛铎收藏敦煌藏经洞文献精品的消息不胫而走，不仅为学者所重，而且也成为民间造假者借用的对象。如王国维在1919年9月10日致罗振玉信中就提到："李氏诸书，诚为千载秘笈，闻之神往。"后来叶恭绰于1921年11月组织了"敦煌经籍辑存会"，李盛铎为参加者之一。到了1923年，抗父发表《最近二十年间中国旧学之进步》，在综述"敦煌千佛洞石室所藏古写书"时，对李氏所藏敦煌文献更有明确的报道。

1928年10月7日，一位名叫羽田亨的日本学者到天津英租界黄家花园家中拜访了李盛铎。羽田亨先生精通十几国语言和满、蒙古、藏等多种我国少数民族语言，是元史、古代中国与西域交通史、西域史和敦煌学的世界级学术权威。据说访问的当天，李盛铎慷慨地展示了所藏的《志玄安乐经》等一批敦煌古卷，还同意羽田亨抄写其所需要的经卷，并允许他研究后发表。

1937年李盛铎去世后，国民政府教育部派北平图书馆馆长袁同礼与李氏后人磋商，希望收购其藏书，但在价格上双方相差甚多。虽然李盛铎藏书最终归于北大图书馆并保存至今，但其中并不包括敦煌写卷。据1935年12月15日及21日《中央时事周报》刊登的《德化李氏出售敦煌写本目录》所载，李盛铎的敦煌古卷432件，已经"以八万元日金售诸异国"某氏，从此淡出了国人的视野。

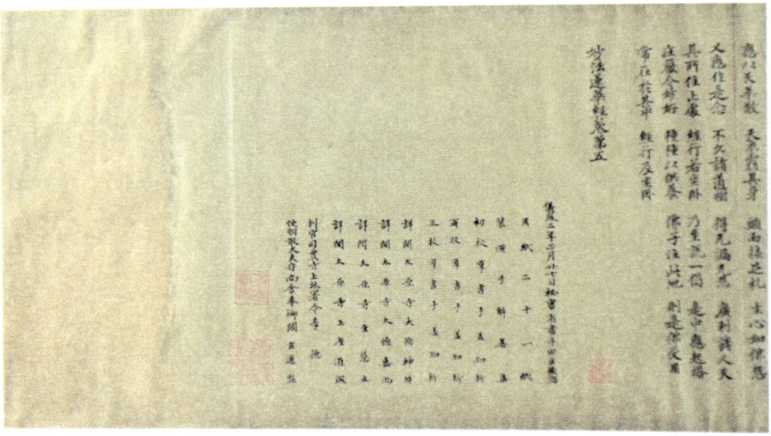

羽 007－17

羽 007-17《妙法莲华经》卷第五

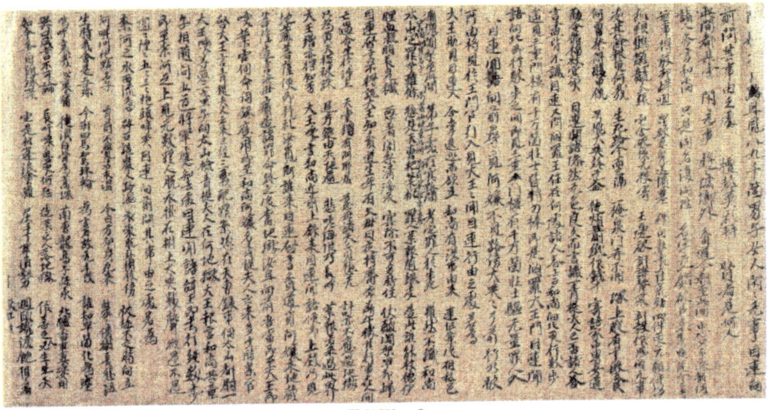

羽 019V－2

羽 019V-2《大目乾连冥间母变文》

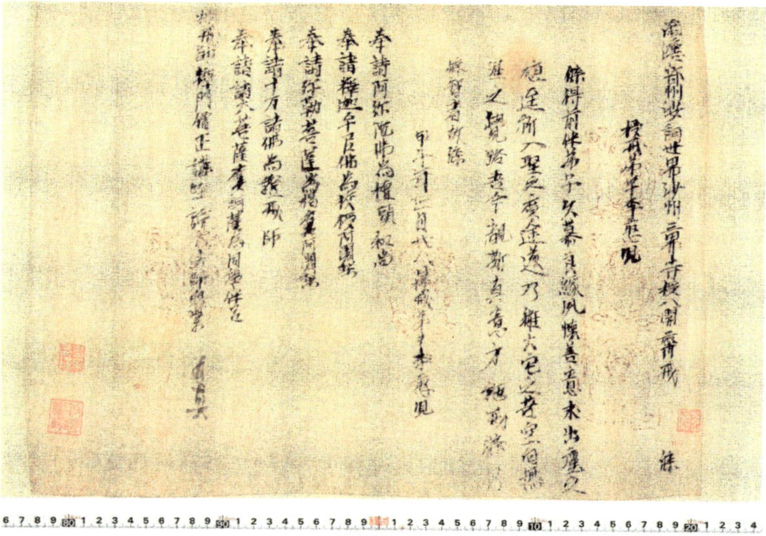

羽 023－1

羽 023-1《三界寺李憨儿受戒牒》

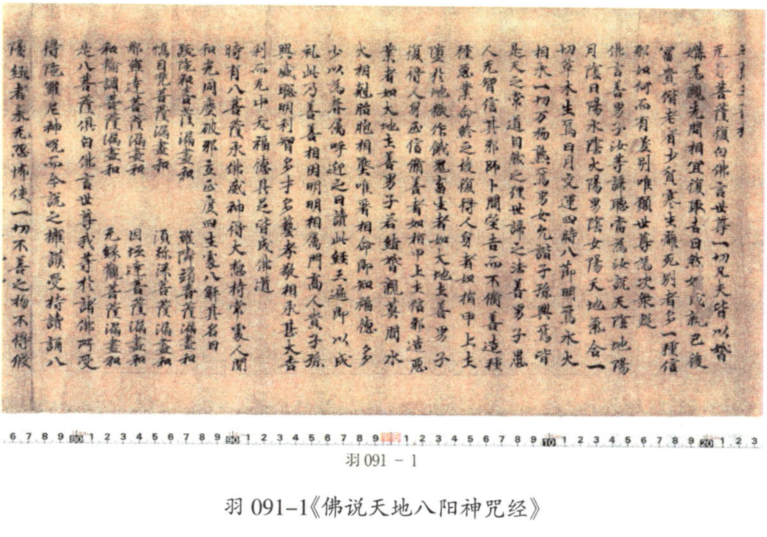

羽 091－1

羽 091-1《佛说天地八阳神咒经》

20世纪80年代末，北京大学历史系的荣新江教授在北京大学图书馆善本部见到了一本《李木斋氏鉴藏敦煌写本目录》，敏锐地意识到这很可能是一本李盛铎后人出卖其敦煌旧藏的目录。经比对，他认为北京大学所藏目录，出于李盛铎儿子李滂之手，为《德化李氏出售敦煌写本目录》的底本。目录明确记载李氏敦煌旧藏共有432件，四书五经、天文历法、童蒙读物、户籍地契、宗教典籍无所不包，内容十分丰富。1990年左右，荣新江在已故日本汉学家羽田亨的史学论文集中偶然看到，其中一件经卷的照片上赫然盖着李盛铎收藏印。1991年春天，在日本学者高田时雄的陪同下，荣新江来到京都大学羽田亨纪念馆。在这里，他看到了933张羽田亨生前研究敦煌文献的资料照片，照片上，相当多的敦煌卷子上有李氏的收藏印。荣新江回国后，将匆匆抄录的一些卷子的题目和北大馆藏目录一一比较后，惊讶地发现与北京大学所藏《李木斋氏鉴藏敦煌写本目录》完全相同。这一发现使荣新江坚信羽田亨是接触过李氏旧藏的人，且这批敦煌文献仍然整体保存，未被打乱。这次京都之行，更坚定了荣新江追寻这批文献下落的决心。

1996年，在《海外敦煌吐鲁番文献知见录》一书中，荣新江提到在羽田亨纪念馆中的所见，引起了日本敦煌学权威、东京大学池田温教授的注意，他立即去羽田亨纪念馆考察，又抄录了一批照片中的文献，比较研究后认定，这确实是敦煌卷子的真品。

几乎同时，日本京都华顶短期大学的落合俊典教授从京都大学牧田谛亮先生那里得到了意义重大的一部羽田亨手稿——《敦煌秘笈目录》。这份目录是羽田亨晚年委托给冢本善隆先生，冢本善隆先生又委托给牧田先生的。这本目录共著录敦煌文献 432 号，和北大李氏旧藏目录完全对应，所不同的是羽田亨在过录李氏目录时根据原卷有所订正，并随手加注了许多注记。随后落合俊典又根据《敦煌秘笈目录》信封内保存的书信线索，揭开了李盛铎旧藏敦煌文献流落日本的谜团。原来，1935 年李氏藏卷为一日本企业家购得，交给时任京都大学校长的羽田亨研究。二战后期，为了躲避空袭，这些敦煌文献被运到兵库县多纪郡大山村西尾新平宅第的地窖中秘藏。战后又被运回了这个企业家自己企业附属的研究机关中存放至今。2000 年 6 月 21—25 日，在首都师范大学举办的“纪念敦煌藏经洞发现一百周年国际学术研讨会”上，落合俊典先生提交《羽田亨稿〈敦煌秘笈目录〉简介》，公布了这一消息。但落合先生并未公开收藏李盛铎旧藏的研究机构名称。之后，高田时雄从落合俊典处取得复印件，乃就著录之文献细加以比对，进行翔实而细致的考证，说明《李氏鉴藏敦煌写本目录》各个本子产生与传抄的时间，并从件数、顺序、注记等与北京大学图书馆所藏《李木斋氏鉴藏敦煌写本目录》比较，肯定了荣新江推论“此目录出自李盛铎之子李滂（少微）之手，故当为李氏家藏敦煌写本的全目录”的说法，进而确认李盛铎旧藏写本归于羽田亨之手的实情。

羽田亨收购李盛铎旧藏 432 件外，也陆续收购其他存于日本的写本300多件，在编纂《羽田亨目录》的同时，还拍摄了写卷的照片。1955年羽田亨去世后，三岛海云、武田长兵卫等人捐助内陆亚细亚研究所基金，并于京都羽田住所附近设立了“羽田纪念馆”，附属于京都大学文学部。照片933张陈列于纪念馆。

2000年7月，方广锠先生参加在香港举行的“纪念敦煌藏经洞发现一百周年敦煌学国际学术研讨会”上，提交论文《呼唤〈羽田亨目录〉中的敦煌遗书早日面世》。根据他所掌握的一份用上海图书馆稿纸抄写的《日本羽田亨收藏李木斋（盛铎）旧藏敦煌遗书目录》，指出李盛铎旧藏的真实性及其价值，呼吁《羽田亨目录》中的这批敦煌遗书尽快面世。2006年，在南京师范大学举行的“转型期的敦煌学——继承与发展国际学术研讨会”上，荣新江发表并做了《追寻最后的宝藏——李盛铎旧藏敦煌文献调查记》的报告，详细讲述了李盛铎旧藏敦煌文献的流失及收藏情况，同时参加此次学术会议的日本学者落合俊典、高田时雄，也向大会介绍了李盛铎旧藏敦煌文献在日本的保存情况，并透露正在联系出版这批敦煌文献的信息，引起与会学者的极大关注，大家都希望能够早日公布这批敦煌藏经洞文献。三位学者均未公布日本收藏机构的名称，但学术界已看到希望的曙光了。至此，李盛铎所藏敦煌文献的下落基本清楚：20世纪30年代后期起，羽田亨获得武田家的资金赞助，积极从事敦煌写本搜集，特别是李盛铎旧藏，先后获得写本736件；1945年夏，因二战激烈，为免遭战火波及，乃将这批藏品疏散到大阪武田制药的工厂中保存，随后又转到兵库县乡间的仓库，即现归武田财团所有的杏雨书屋收藏。之后便秘而不宣，甚至杳无踪迹。

“杏雨书屋”隶属于日本兵库县的武田制药集团，创立者为武田长兵卫。1923 年 9 月，日本 “关东大地震”后，东京地区许多贵重典籍损失惨重。为防止再次发生典籍的失散，武田家族以私人之力，结合自己所从事的事业，开始从事中国与日本的本草医书的收藏。先是购得小野家的本草典籍，1932 年又购得早川佐七氏的植物学典籍，内藤湖南、福井崇兰馆等处藏书。如早在 1938 年，武田氏家族就收购了内藤湖南“恭仁山庄本”（“恭仁山庄”为内藤先生晚年定居京都之住所）中的极品，凡刊本 67 种、写本 31 种，1985 年杏雨书屋据此编有《新修恭仁山庄善本书影》一书。上述几次收藏形成了后起名为“杏雨书屋”文库的基础。“杏雨”是指润雨杏林（指医学）之意。随着岁月更替，文库藏书逐渐增多。1964 年，武田科学振兴财团建立，正式从事相应的文化事业。1977 年 6 月，武田氏家族第六代传人武田长兵卫先生，把原“杏雨书屋”的收藏，全部交武田科学振兴财团管理。1978 年，“杏雨书屋”的名称也由财团继承，虽然在所有权上，仍然属于私家系统，藏书却不再归私人所有了。

在学术界的呼吁以及世界各敦煌藏经洞出土文献收藏国将其所藏文献的陆续公开、出版，促使日本的收藏者展开积极的公布行动。特别是 2005 年日本中村不折藏卷以《台东区立书道博物馆所藏中村不折旧藏禹域墨书集成》上、中、下三卷大型图录正式出版，公之于世，更激发学界对中国国家图书馆馆藏敦煌文献、日本羽田亨藏敦煌秘笈出版的迫切期待与殷切催促。2009 年 3 月日本大阪财团法人代表武田科学振兴财团杏雨书屋馆长吉川忠夫宣布出版其所藏敦煌文献，并出版了《敦煌秘笈目录》，12 月出版了《敦煌秘笈影片》册一，至 2013 年 3 月完成了全部 9 册彩色图版第 1 号到 775 号写卷的印刷刊布。至此，学术界苦苦追寻的李盛铎旧藏敦煌文献最终公布于世。

《敦煌秘笈影片》册一著录了羽 1 到羽 97 号，册二录了羽 98 到羽 164 号，册三录了羽 165 到羽 240 号，册四录了羽 241 到羽 332 号，册五录了羽 333 到羽 449 号，册六录了羽 450 到羽 527 号（其中 486~500 号缺），册七录了羽 528 到羽 583 号，册八录了羽 584 到羽 665 号，册九录了羽 666 到羽 775 号（其中 714、724 号缺），实际录刊布的有 758 号。据吉川忠夫在《敦煌秘笈》发刊词中所称:《敦煌秘笈》系“东洋学泰斗羽田亨博士旧藏敦煌文书的集成”。的确不错，这些藏品以李盛铎旧藏为核心，还有富冈谦藏、清野谦次、高楠顺次郎等人旧藏以及书肆收购、友人赠送的西域文献。其数量可说仅次北京中国国家图书馆、伦敦英国图书馆、巴黎法国国家图书馆、俄国圣彼得堡东方写本研究所，堪称世界上敦煌文献的第五大收藏。

就李盛铎旧藏敦煌文献之价值，郑阿财先生发表论文《杏雨书屋〈敦煌秘笈〉来源、价值与研究现况》加以申论：“《敦煌秘笈》之珍贵，不论是佛教经典文献，或中国传统的四部典籍，或变文诗词等俗文学作品，童蒙教育通俗读物，社会生活中实际使用之法律文书、经济文书、天文历法、术数医药均有不可忽视之价值，更遑论稀见唐代景教经典。无论长卷巨轴或断卷残片，其往往有出人意料难以估量之价值。”“除了写卷本身所蕴藏的学术价值外，其收藏题记亦颇有可资研究敦煌文献流散之参考者。”

李盛铎旧敦煌文献，可以说是敦煌藏经洞出土文献流落他乡的最后一批宝藏。《敦煌秘笈》连同目录全部十册完整地正式出版，新资料的公布，必将为敦煌学研究注入新的活力。

千年历史入眼来

——敦煌石窟壁画中的古代社会生活

敦煌莫高窟不仅是佛教艺术的见证者，而且也是中古社会历史的真实记录者。莫高窟壁画虽以佛教内容为题材，但是，如果我们揭去宗教的面纱，就会发现许多反映现实生活的画面。因此，有人把莫高窟称为“画在墙壁上的图书馆”。敦煌石窟壁画不仅向我们展示了中古社会生活的方方面面，而且也展示了中古社会丰富的文化内涵。莫高窟除了有无与伦比的艺术价值外，还有着不可估量的历史文化价值。

一

最新的考古资料表明，敦煌是佛教传入中国最早的地区。1991 在敦煌悬泉置遗址发现的编号为 VI91DXF13C②:30 汉简中提到敦煌有一个“小浮屠里”，是佛教传入敦煌的考古学证明。正是由于这样的佛教基础，才有了后来公元366年沙门乐僔的开窟行为。乐僔开窟成为莫高窟千余年连续不断开窟造像之滥觞。

随着佛教在敦煌地区的兴盛，开窟造像成为敦煌地区全民性的社会活动之一。在此过程中，那些开窟造像的施主们，一方面为了虔诚的信仰，时时供养，一方面也为了和睦亲属、昭显实力，把自己的形象也画在石窟壁画中，并榜书题名。这就是莫高窟供养人画像和题记。莫高窟供养人题记表明，参与莫高窟开窟造像的包括王公贵族、各级官吏、戍边将士、塑匠画工、寺院僧尼、来往商旅及平民百姓，几乎社会各个阶层的人士都在这里留下了有关信息。供养人像和题记，生动、丰富、真实地展现了许多历史状况，并提供了清晰的历史线索。除了为我们研究莫高窟营造史提供珍贵的史料外，还为我们研究敦煌历史，特别是晚唐归义军统治敦煌的历史，以及唐五代西北民族关系史提供了重要的史料。如晚唐第196窟甬道北壁索勋供养像旁边的题记为："敕归义军节度瓜沙伊西等州管内观察处置押蕃落营田等使，守定远将军，检校吏部尚书，兼御史大夫，钜鹿郡开国公，食邑两千户，实封二百户，赐紫金鱼袋，上柱国索勋一心供养。"这条题记除了记载供养人姓名外，还将供养人的官阶（包括执事官、勋官、散官）、辖境、食邑、封户一一记载，几乎成了唐代告身，这对研究晚唐敦煌政治制度十分有用。莫高窟第98窟现存供养人题名163条，数量之多为莫高窟之冠。这些题名，对研究晚唐敦煌曹氏归义军时期莫高窟的营造情况，晚唐张曹归义军之间的更迭，以曹氏为代表

莫高窟第 98 窟　东壁门南　穿冕服的于阗国王　五代

吴健　摄

的敦煌各世家大族之间盘根错节的复杂关系，以及他们与周围民族政权的关系，极为重要。莫高窟供养人题记，经过敦煌研究院几代学者多次考察、抄录、整理、校勘，编成《莫高窟供养人题记》一书，由文物出版社出版，成为敦煌石窟研究的基本工具书。

大家知道，古代敦煌是多民族聚居地之一。在不同历史时期，敦煌地区先后有鲜卑、吐蕃、回鹘、党项、蒙古等诸多民族在敦煌活动过，除了传世文献及敦煌出土文献中有过记载之外，莫高窟壁画中也留下了他们活动的影子。莫高窟第 220 窟东壁门南有一幅依据《维摩诘经·方便品》所绘的“王子官属问疾图”，画面描绘了一组外国王子、使臣群像，共 11 人，面貌各异，肤色和服饰均不同，神采风貌各有特点。此图绘于唐贞观十六年（642 年）前后，画面所表现的实际是初唐时期一些少数民族首领和使臣往来于丝绸之路上的情景。又如，从公元 781 年到公元 848 年，吐蕃统治敦煌达 67 年，莫高窟第 159 窟东壁《维摩诘经变》中的“吐蕃赞普问疾图”，就是吐蕃统治敦煌的具体写照。另外如莫高窟第 100 窟东壁门北回鹘公主供养像、第 98 窟东壁门南于阗国王供养像、榆林窟第 29 窟南壁的西夏武官像、东壁门东的西夏僧国师像、榆林窟第 6 窟前室西壁的蒙古贵族像等，都是晚唐时期西北地区民族关系史的形象反映。可以说，敦煌石窟壁画是为我们展示中古时期西北民族关系的生动画卷。

二

敦煌石窟本身就是以佛教为内容的佛教石窟，各类彩塑和壁画，每一类都包含有大量丰富、系统的资料，涉及印度、中亚、西亚、新疆等地区，可以帮助我们了解古代敦煌以及河西走廊的佛教思想、宗派、信仰，佛教在河西地区的传播，佛教与中国传统文化的融合，佛教中国化的过程等，对研究敦煌地区佛教史和中国佛教史都有不可取代的价值意义。

我们知道，中古敦煌社会，佛教是社会生活中影响最大的宗教之一。对佛教的信仰，成为敦煌社会各阶层日常生活的重要内容。佛教在传播过程中，利用种种所谓“方便法门”，鼓励人们信仰。诸多佛教经典中都强调写经、诵经、转经、造窟、造佛堂、造兰若、造像(塑像，画像，印沙脱佛，绢、麻、纸造像)、浴佛、行象、造幡、造塔、安伞、燃灯、施舍、设斋等，都可以作为一种“功德”，为自己带来福报或者免除灾难，甚至口称“阿弥陀佛”，念诵“观世音”名号，便可消灾除厄，获得福报。除了佛教经典外，唐宋时期，这种“功德”思想还通过疑伪经、佛教灵验记、俗讲及其他方式传播，为社会各阶层所接受，成为具有普遍意义的佛教知识与思想。在敦煌石窟的造像发愿文、敦煌文献中的造窟功德记、写经题记及其他有关文献中，我们都能看到唐宋时期的敦煌地区，无论是世家大族，还是普通民众，无论是高僧大德，还是一般僧侣，都信奉和遵从这种功德思想，并成为他们的信仰内容，在社会生活中加以实践。如S.1023《佛说阿弥陀经》题记：

弟子释门法律绍进，比爰年衰月厄，求少福分，充为怨家债主，转生人道、天中，领受功德，莫违（为）雠对。

S.4406《般若心经》题记：

诵此经，破十恶五逆九十五种邪道。若欲报十方诸佛恩，诵观自在般若百遍千遍，灭罪不虚。昼夜常诵，无愿不过。

与写经题记相呼应，在敦煌石窟壁画中，也出现了反映日常生活中佛教信仰的内容。莫高窟第103窟南壁有一组拜塔图，塔前一周共有八位信徒，身着普通民众服装，绕塔行礼，画面共展示了合掌平拱、举手高揖、五体投地、长跪、胡跪五种礼拜方式，尤其是对五体投地、胡跪等礼拜形式的形象描绘，使我们在文献记载之外，看到了这种礼拜方式的直观形象。它的重要意义，不仅向我们展示了中古时期的宗教生活，而且也展现了西域及印度的各种礼拜方式，是中西文化交流的一个缩影。此外莫高窟第113窟北壁绘有因供养佛塔而往生兜率天宫的画面，第85窟南壁、第156窟南壁《金刚经变》中也绘有拜塔供养的画面。还有，如莫高窟第12窟北壁、第146窟北壁、第148窟东壁、第156窟西壁龛内、第358窟北壁等窟中有关于放生、燃灯的画面；第14窟南壁表现信仰《十一面神咒心经》的种种好处；第76窟南北壁所绘诵持大悲心咒者得十五种善生，不受十五种恶死的画面；第154窟东壁门北《金刚经变》表现今生所受轻贱，可以消除前世罪孽的画面；第159窟南壁表现听受《法华经》而得福报，出口伤害诵读《法华经》的人而得恶报的画面；榆林窟第25窟北壁写经、诵经得升弥勒净土等。可以看出，佛教功德思想不强调对

莫高窟第 103 窟　南壁　法华经变之方便品(绕塔供养)　盛唐

孙志军　摄

佛教义理的理解和研究，更注重具体的信仰实践，既简单明了又方便易行，任何人都可以通过自己的努力践行这一思想，因此更容易为人们所接受和信仰。这种通过信仰实践积累功德，从而获得福报的思想，成为唐宋时期敦煌大众基本的佛教知识与思想。唐宋时期敦煌佛教的发展与繁盛，从某种意义上说，就是这种思想流行并推动的结果，因而也推动了佛教信仰成为敦煌社会生活中不可或缺的内容。敦煌石窟的这些图像以视觉传导的方式，形象地记录了中古时期人们的宗教生活，为我们提供了了解古代社会生活的重要资料。

三

敦煌石窟壁画中的本生故事画、佛传故事画及有关福田经变、弥勒经变、法华经变、楞伽经变等，可以帮助我们了解古代社会经济生活的各个方面，甚至某些细节，为我们提供了生动、逼真的形象。

农业生产方面，壁画不仅将犁地、播种、收割、运输、打碾、扬场、入仓等农耕生产的全过程绘入画面，而且还描绘了诸多生产工具，如犁、镰、扫帚、木杈、木锨、梿枷、簸箕、耱、耙、锄、铁锨、扁担、秤、斛、斗、升等，有些工具是河西地区特有的，有明显的西北地方特色。如莫高窟第 23 窟北壁的《雨中耕作图》，依《法华经·药草喻品》而绘，画面上乌云密布，时雨普降，一位农夫正挥鞭策牛，雨中耕作；另一画面则表现农夫一家三口坐在地头，捧碗吃饭。一农夫肩挑庄稼正往回走。这一田头小景，画得妙趣横生，充满了浓郁的生活气息。榆林窟第 25 窟北壁西侧的《耕稼图》，表现的是弥勒菩萨从兜率天下生阎浮提，于龙华树下成佛，大地一片净土，“雨泽随时，谷稼滋茂，不生草秽，一种七获，用功甚少，所收甚多。”(鸠摩罗什译《弥勒下生经》）根据这一情节，绘制了播种、收割、打碾、入库等画面，其中的六股杈、芨芨草长把扫帚，都是当地特有的工具。莫高窟445窟南壁《弥勒经变》中的《一种七收图》，则是反映唐代北方农业生产生活的代表作。图中绘出了播种、收割、挑运、打场、扬场、田间小憩、粮食入仓等画面，几乎反映了农作物从种到收的全过程，包括各种生产工具在内。特别是图中的曲辕犁，是当时最先进的农耕工具之一，唐代陆龟蒙《耒耜（lěi sì）经》对此犁形状有详细记载，但没有图像资料，不知其形，壁画提供了曲辕犁的具体形象。中国历史博物馆（国家博物馆）根据《耒耜经》及第445窟的图像制作了曲辕犁的模型，使人们对中国古代这一先进的生产工具有了明确的认识。

佛教主张人与动物之间应保持平等和谐的关系，即所谓“众生平等”“一切有情皆有佛性”，并对射猎、屠宰，乃至一切伤害动物的行为持批判态度。由此，敦煌石窟壁画中出现了狩猎、屠宰的场面。另一方面，马、牛、驴、大象等动物，作为生产生活的工具，在表现有关佛教内容时，也被画进壁画里；还有，作为山野、莽原或沼泽、江河中的点缀和陪衬，壁画中也出现了各种动物的形象。这些壁画对于了解古代畜牧业的情况提供了极为形象的资料。如莫高窟第249窟窟顶北披的《射虎图》《猎鹿图》，非常传神，第85窟窟顶东披的

莫高窟第 23 窟北壁　雨中耕作图

榆林窟第 25 窟　北壁西侧　弥勒经变之一种七收　中唐

孙志军　摄

《狩猎图》，则是《楞伽经变》中“断食肉品”的情节之一。《维摩诘经·弟子品》记载，释迦牟尼生病后，弟子阿难持钵为其乞乳，至一大婆罗门家，遇维摩诘。维摩唯恐外道得知此事，耻笑释迦已病不治，焉能普度众生，即劝阿难赶紧悄悄离开，不要被别人发现。为表现这一情节，莫高窟第159窟东壁门北《维摩诘经变》中，画一山庄，门口立一中年妇女，手捧奶钵。阿难立其前，持钵乞乳。维摩立阿难后。右上侧为一大母牛，腹下蹲一妇女挤奶。母牛张嘴摇尾，呼唤面前的小牛，小牛仰头踢蹄，拼命前奔，然而脖颈的套索，被一男孩用力拉着，不许他去。画工紧紧抓住母牛呼唤、小牛向前奔这一瞬间，将这对母子之间的舔犊之情刻画得淋漓尽致。如果说这一情节尚不足以反映古代畜牧业情况的话，那么，莫高窟第148窟甬道顶部《报恩经变》中的《牛王舐目图》则可以使我们展开更大的想象空间。画面上除表现牛王以舌舔善友太子眼睛外，还画出了群牛在草场上悠然吃草的情景，整个画面不禁使我们联想到古代的牧场。此外，如《法华经变》中的《马厩图》《驯马图》，如第290窟中心柱西面的《胡人驯马图》，都向我们展示了古代畜牧业发展的情况。如果加上壁画的各种动物，如马、牛、骆驼、羊、猪、兔、鹿、猴、狮、虎、象、孔雀、大雁等，我们就不难想象古代西北地区畜牧业的状况了。

敦煌地处丝绸之路咽喉要道，又是古代国际商业贸易中心，丝绸之路商贸繁盛的景象，在敦煌石窟壁画中也得到充分的反映，这一点我们在上节中已作了说明。除此之外，敦煌石窟壁画中还出现了商铺、旅店、酒肆等反映古代商业情况的画面，以及建筑、冶铁、制陶、纺织、酿酒、粮油加工、皮革制造、兵器制造等手工业方面的画面，是我们了解古代敦煌地区商业、手工业发展情况的形象资料。

莫高窟第85窟窟顶北披有一幅《肉肆图》，是《楞伽经变》“断食肉品”情节之一。画工依经文，绘一肉铺，铺内竖立的架子上挂满了待出售的肉，门前摆放了两张肉案，一张案上放着一只宰好的整羊，另一张案上放着肉块，店主正操刀割肉，案下捆伏一待屠宰的肥羊，稍远处一只狗在翘首仰望，似在期盼主人的赏赐。画面虽与经文本意不相一致，但却真实表现了晚唐五代敦煌地区商业市场的一角。

莫高窟多幅《维摩诘经变》中，都绘有《酒肆图》，是表现《维摩诘经·方便品》中维摩居士“入诸酒肆，能立其志”的情节。画面为一酒店，内有数人，围桌对座，桌上摆着酒瓶和酒碗，大家正在开怀畅饮，维摩诘立桌前，手持麈（zhǔ）尾，作高谈阔论状，店外一舞者翩翩起舞，一侍者端盘而立。莫高窟第12、61、98、108、146等窟中都绘有此情节，是晚唐五代敦煌地区商业发展的又一写照。

另外，如莫高窟第85窟窟顶东披《楞伽经变》中的《制陶图》，第321窟南壁《宝雨经变》中的《修建图》，第61窟西壁《五台山图》中的《踏碓（dui）图》、榆林窟第3窟东壁的《酿酒图》《锻铁图》，更是大家熟知的反映古代手工业发展情况的图像资料。

四

至于反映社会生活的壁画，更是随处可见。在敦煌石窟壁画里，

莫高窟第159窟东壁门北　挤奶图

段文杰　临摹

莫高窟第85窟　窟顶东披　楞伽经变之肉肆图　晚唐

孙志军　摄

举凡社会生活的各个方面，诸如婚丧嫁娶，生老病死，衣食住行等，甚至像刷牙、洗脸、如厕，打架斗殴这样的生活细节，也得到充分表现。如莫高窟第146窟西壁的《净齿图》《洗头图》，莫高窟第290窟窟顶东披佛传故事中表现佛诞生时“臭处变香”的《蹲厕图》等。敦煌石窟中，从盛唐到西夏时期的《弥勒经变》中，普遍绘有《嫁娶图》，表现了《弥勒下生经》中所说的弥勒世界人寿八万四千岁，“女人年五百岁，尔乃行嫁”的内容。壁画中的《嫁娶图》细致地表现了婚礼场面的布置：在庭院搭设帐篷，宴请宾客的礼席，围设新婚夫妇拜堂的帐帷和新婚夫妇居住的青庐。还表现了婚礼仪式的全过程：新郎迎亲、乐舞助兴、拜堂成礼、奠雁之礼、共入青庐、举行洞房同牢合卺（jǐn）之礼。

莫高窟第445窟的《婚嫁图》，是表现这一内容的代表作之一。屋外的庭院中设帷帐及青庐（唐时称“百子帐”），帐内左侧为宴请宾客的宴席，席上宾客对坐饮宴；右侧是新郎、新娘正在拜堂行礼：新郎五体投地跪拜宾客，新娘盛装，与傧相侧立于旁，侍者往来忙碌其间。中心为乐舞场面，舞者正在起舞助兴。榆林窟第38窟西壁的《婚礼图》则是对婚礼过程最全面的描绘：从礼席、拜堂、舞乐、奠雁，到步入青庐，都做了详细的描绘。而莫高窟第85窟窟顶西披《弥勒经变》中有对傍晚迎亲的描绘，第9窟窟顶东披《婚礼图》中有对“奠雁”之仪的描绘，第12窟南壁《婚礼图》反映的古代“摄盛”（谓古代男女举行婚礼时，可根据车服常制超越一等，虚招身份，以示贵盛）之俗。

莫高窟从北周至宋代的有关故事画“微妙比丘尼故事”“善友太子入海故事”，以及佛传故事、涅槃经变等壁画中，表现了古代的丧葬习俗，描绘停棺为亡人举哀，出殡送葬，入土安葬（或火化）的丧葬过程；还描绘了行厚土之祭、构置坟茔、设圹埋葬、地面起坟的土葬方式 。莫高窟第 148 窟西壁《涅槃经变》中的“停棺致哀”“抬棺出殡”“焚棺火化”，就是对唐代葬礼的具体表现。榆林窟第 25 窟北壁《弥勒经变》中的《老人入墓图》，则是唐宋时期另一丧葬方式的体现。它描绘了老人在临终之前即进入事先已修好的坟茔，在这里与世隔绝，安心修持，直至逝世，这样就可以升入极乐世界。《佛说弥勒成佛经》中说：“若年衰老，自然行诣山林树下，安乐淡泊，念佛取尽，命终多生大梵天及诸佛前。”经变中绘老人入墓，一方面依诸经典，一方面是佛教净土信仰的反映。敦煌石窟壁画中，共有 39 幅老人入墓图，表明在唐代这一习俗的流行还是相当广泛的。

在反映社会生活方面，敦煌石窟壁画中还有诸如日常起居、豪宅农舍、求医问药、学校教育、刑罚监牢等，像莫高窟第 156 窟的《河西节度使张议潮统军出行图》和《宋国河内郡夫人宋氏出行图》，第 23 窟南壁《法华经变》中的庭院，第 9 窟西壁《楞伽经变》中的病坊，98 窟东壁《维摩诘经变》中的学堂，第 45 窟南壁《观音经变》中的牢狱，都在历史文献之外为我们了解古代社会生活提供了不可多得的形象资料。特别是《河西节度使张议潮统军出行图》，表现了唐大中二年（848年）敦煌大族张议潮率众起义，赶走吐蕃在敦煌的统治者，收复河西，唐中央政府授张议潮河西十一州节度使之后，张议潮统军出行的场面。《宋国河内郡夫人宋氏出行图》则表现了张议潮夫人宋氏春游出行的场面。这两幅真实反映历史史实的壁画，是我们解读晚唐政治制度和社会生活的活资料。

唐代敦煌地区有较发达的教育体系，有不同体制的学校。根据敦煌文献记载，唐代沙州设州学，沙州所属的敦煌县、寿昌县设有县学，州县之学均设有博士、助教等学官。开元、天宝年间，唐玄宗奉道教，设道学，敦煌亦设有道学。唐前期在州学院内，还设有医学，置医学博士。晚唐时期，敦煌还设有伎术院、阴阳学。伎术院是敦煌金山国设立的新机构。除了官办学校外，还有义学、乡里坊巷之学、寺学等非政府设立的学校。

关于莫高窟壁画中的学堂，主要依鸠摩罗什译《维摩诘经》中“入诸学堂，诱开童蒙”一语而绘，莫高窟第12窟东壁门北、98窟东壁门上、159窟东壁门北（漫漶）有此情节。虽然在敦煌石窟壁画中，有关学校教育的画面很少，但为我们提供了古代学校教育和学生生活的珍贵资料。

藏经洞出土文献中，有许多与敦煌地区饮食有关的资料，从原料到名称，从制作方法到制作工具，应有尽有，甚至连每个饼、每种食物的用面数量都记载得清清楚楚。和文献资料相映证的，敦煌石窟壁画中也有不少的饮食资料，如食物品种、供养、斋僧、婚礼宴饮、酒肆及各种饮食器皿等，如果我们看到莫高窟第 159 窟西壁西龛、第 326 窟东壁门上的《斋僧图》，就可见敦煌饮食之一斑。敦煌石窟壁画中的饮食资料，是中国古代饮食文化的重要组成部分。

敦煌石窟塑像、壁画中的人物所着衣裳、冠履、发髻、妆饰物等，反映了从十六国晚期到元代，上下千年，延续不断的服饰资料。举凡汉族服饰，各少数民族服饰，以及胡汉交融的装扮，都能在壁画、雕塑中找出它们的影子，为篇幅所限，我们不能在这里对敦煌石窟中的服饰资料作详尽的介绍，但有一点可以肯定，就是如果将敦煌服饰称为中古“服饰资料大全”，我们认为一点也不为过。对敦煌服饰的研究，已受到越来越多的关注，并且与现代社会生活结合起来，在当今社会生活中发挥着作用。

五

敦煌壁画中有音乐题材的洞窟达 200 多个，绘有众多乐队、乐伎及乐器。据统计，不同类型的乐队有 500 多组，吹、打、拉、弹各类乐器 40 多种，4500 多件。丰富的音乐图像资料，展现了近千年连续不断的中国音乐文化发展变化的面貌，为研究中国音乐史、中西音乐交流史提供了珍贵资料。

莫高窟大多数洞窟的壁画中几乎都有舞蹈形象。有反映人间社会生活、风俗习惯的舞乐场面和舞蹈形象，如西域乐舞、民间宴饮和嫁娶乐舞；有经变中反映的宫廷和贵族燕乐歌舞场景；有天宫仙界的舞蹈形象，如飞天的舞蹈形象，供养伎乐等。舞蹈艺术是无法保留的时

莫高窟第 146 窟　西壁北侧　劳度叉斗圣变中的妇女服饰　五代

张伟文　摄

莫高窟第 112 窟　乐舞图

空艺术，古代的舞蹈形象，我们现代人已知之甚少，就莫高窟而言，堪称舞蹈艺术的博物馆，它保存了无数高超的舞蹈艺术形象，代表了各时代舞蹈发展的面貌及其发展的历程。

敦煌石窟壁画中还保存了许多属于古代体育属性的资料。壁画中反映的古代体育活动最初的目的，有的是为了生产，有的是为了练习各种军事技能，有的则是节日民俗或宗教祭祀场合的表演和比赛，诸如毬戏、博弈、水嬉、角力、武术、骑射、举重、技巧、游戏等。壁画中的佛传故事，描绘了悉达多太子成佛前进行射箭、举象、举钟、马技、相扑、弈棋、练剑、习武等展示各人才艺的形象。这些图像在莫高窟第 61 窟南、西、北壁下部连续绘制的佛传故事画中出现得最多。在有关的《维摩诘经变》中，有弈棋、双陆、掷骰等图像；《阿弥陀经变》中，有化生童子嬉水（游泳）、叠罗汉、倒立、下腰等图像；《法华经变》《观无量寿经变》及《五百强盗成佛故事》（佛教因缘故事）中有武术、修禅、气功等图像。这些从社会生活中分化出来的活动，其内容和形式经过演变发展，逐步形成古代体育活动的一种形态。因此，敦煌石窟壁画中保存的古代体育形象，是研究中国体育史不可多得的形象资料。

敦煌石窟中有十分丰富的建筑资料。敦煌石窟建筑资料包括石窟建筑、古建筑实物及壁画中所反映的古代建筑三个方面。敦煌石窟在长期的开凿过程中，创造了丰富多样的石窟形式，如中心塔柱窟、禅窟、覆斗顶窟、殿堂窟、大像窟、涅槃窟等，同一形式，各时代因石窟内容的要求不同，在局部处理上也多有变化，形成不同的时代特征。敦煌石窟建筑是保存至今的建筑实物之一。据有关文献记载，早在唐代，莫高窟各窟之间已有栈道相连，窟外有檐牙相接的窟檐，“前流长河，波映重阁”，十分壮观。但由于长期的自然和人为因素的影响，窟外大量建筑现已损坏殆尽，至今仅存第196窟晚唐残窟檐一座，宋初窟檐四座，是难得的古建筑遗物。第16窟外清末民初所建的三层楼窟檐及第96窟北大像外的九层楼，是特殊形态的窟檐，九层楼甚至成为莫高窟标志性建筑。木构建筑之外，在莫高窟大泉河两岸有五代、宋、西夏、元代的单层佛塔、墓塔十余座，至今仍以独特的魅力吸引着人们的目光。莫高窟各时代壁画中大量的建筑物形象，显得尤为重要。敦煌石窟壁画自十六国至西夏描绘了成千上万座不同类型的建筑画，如佛寺、城垣、门阙、宫殿、民居、草庵、穹庐、帐、帷、塔及旅店、酒肆、屠坊、桥梁、监狱、坟茔等，既有群体建筑，也有单体建筑，几乎包括了当时大部分建筑类型。对于建筑的各个组成部分，如各式屋顶、脊饰、屋檐、斗拱、柱枋、门窗、勾栏、平座、台阶及建筑施工图等，在壁画中都有简练而概括的描绘。长达千年的建筑形象资料，向我们展示了一部形象的中国建筑史。特别是北朝隋唐时期的建筑形象，填补了此间建筑资料缺乏的空白，尤为可贵。

总之，如果剥去宗教的外衣，我们从任何一个方面都能在壁画中找到所需要的图像资料，这些资料大多都能通过文献记载得到印证，因此，把敦煌石窟壁画称作“画在墙壁上的图书馆”一点也不过分。以莫高窟为代表的敦煌石窟，某种意义上是一部形象化的中古历史画卷，我们在欣赏敦煌石窟艺术的同时，决不要忽视它所展示的不可估量的历史文化价值。

童儿学业切殷勤

——唐、宋时期敦煌地区的学生生活

敦煌藏经洞出土文献中，有不少学生书写的诗歌。学者的研究表明，这些诗歌的书写时代以中唐以后居多。唐代敦煌地区，既有官私学校，也有寺院所办的寺学。公元755年安史之乱后，敦煌为吐蕃所占，学校教育转入寺院，寺学在敦煌教育中的地位开始增加。之后，在归义军统治敦煌时期，官私学校得以恢复，但寺学却更为普及，这为平民子弟接受教育提供了方便之门。从敦煌藏经洞出土文献来看，在敦煌各类学校读书的学生，既有儿童和少年，也有部分青年学子。敦煌文献中的学郎诗，就是上述学生书写。这些学郎诗，大多为学生即兴抒发情感所作，间或抄写一些当时流行的且反映自己当下心境的通俗诗，因此，这些诗歌，或随意写在空白处，或夹在写卷的中间，或写于卷末，书写随意，亦未刻意整理收藏，更为后世所不载，世所罕见，成为研究我国古代少年儿童诗歌的珍贵材料。笔者认为，敦煌学郎诗，真实反映了唐宋时期敦煌地区的学生生活，这些稚嫩的诗句，既是对当时社会现实的反映，也是他们自身生活的写照，他们的价值取向、理想希望、兴趣爱好、快乐烦恼，都从一个侧面反映了当时的社会生活。因而，笔者希望通过对唐宋时期敦煌地区学生生活的分析，与大家共同分享唐宋时期敦煌地区社会生活的一个侧面。

理想与追求

读书是学生的天职。作为敦煌地区各类学校的学生，当他们肩负着父母的重托和社会的期望步入学校大门，在老师的教诲下，掌握了一定的知识，明白了一定的事理之后，他们便开始思考读书的意义。于是，在唐宋时期敦煌地区的学生题记中，就出现了立志读书的自勉诗。如天复二年（902年）敦煌州学学生翟奉达就写下如下诗句：

三端俱全大丈夫，六艺堂堂世上无。

男儿不学读诗书，恰似肥菜根尽枯。

P.2498《李陵苏武往还书》末亦有天成三年（928年）学郎李幸思的题记：

幸思比是老生儿，投师习业弃无知。

父母偏怜昔（惜）爱子，日讽万幸（行）不滞迟。

指责那些无所事事，不好好学习的学生，劝人努力学习。

勤学在于惜时，P.T27背有四首学郎诗，其中一首言道：

人生一世只为逢，昨朝今日事不同。

但看后园桃柳树，花开能得几时红。

光阴似箭，稍纵即逝，这些稚嫩的诗句，生动地展现了唐宋时期学生们在学校刻苦学习的精神面貌。

读书的目的在于立身成名，实现自我价值。而读书入仕，则是学生们梦寐以求的理想。P.2746《孝经》末题（860年）翟飚飒诗：

读诵须勤苦，成就如似虎。

不词（辞）杖捶体，愿赐荣驱路。

清楚地写明了当时学生读书的最终目的。前引翟奉达诗中也写道：

躯体堂堂六尺余，走笔横波纸上飞。

执笔题篇须意用，后任将身选文知。

翟奉达后来成为归义军时期的历学专家，身任归义军随军参谋兼州学博士，可谓实现了自己的理想。前面提到的李幸思，据《宋乾德四年（966年）曹元忠及夫人修北大像记》中有李幸思，时任“都头知弟子虞侯”，同样实现了自己的人生价值。S.614《兔园策府·第一》末题：“巳年四月六日学生索广翼写了‘高门出贵子，好木出良才，男儿不（下缺）’。”吐鲁番阿斯塔那363号墓出土文书有唐景龙四年（710年）学生卜天寿写卷抄有五言诗，其中一首写道：

高门出己子，好木出良才。

交□学敏（问）去，三公河（何）处来。

笔者在北图藏玉字91号（8317）《七阶礼佛名经》背见到同样内容的诗，本卷共抄有诗五首，其第二首云：

高门出贵子，存（好）木出良在（才），

丈夫不学闻（问），觀（官）从何处来？

由此看来，这首诗在唐宋时期，至少在西北地区广为流传，成为鞭策、激励学生的一首通俗诗。另外，在玉字91号背还抄有另一首五言诗，诗曰：

孔子高山坐，若水不欲（流），

之（诸）男在（不） 学闻（问），觀（官）从何处来？

北图位68（8442）《百行章》一卷尾题：

学使郎身姓（性），长大要人求，

堆亏急学得，成人作都头。

这就更赤裸裸地表明了学生读书的目的就是步入仕途。读书与入仕，像两根红线，牵动着每一个学子的心，读书是手段，入仕才是目的，只有入仕，才是实现自我价值的最好途径。

如果说上述学郎诗过于直露，表现出学生的稚嫩，那么S.6204所抄薛彦俊诗却含蓄地表达了那一代学生的情怀，其诗如下：

童儿学业切殷勤，累习诚望德（得）人钦。

但似如今常寻诵，意智（?）逸出盈金银。

不乐利闰（润）愿成道，君子烦道不忧贫。

数年读诵何得晓，孝养师父求立身。

此诗作于后唐同光二年（924年）三月十二日。薛彦俊其人，据P.2054《十二时普劝四众依教修行》末题“同光二年甲申岁蕤宾之月

莫高窟第 12 窟东壁门北　学堂　晚唐

孙志军　摄

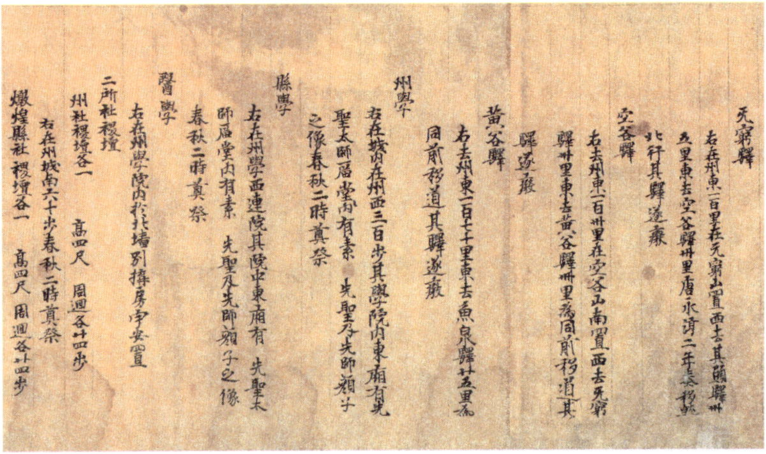

无窮驛
右在州東一百里在无窮山置西去其頭驛卅五里東去空谷驛卅里唐永淳二年奉移就
北行其驛遂廢
空谷驛
右去州東一百卅里在空谷山南置西去无窮驛卅里東去黄谷驛卅里爲同前移道其
驛遂廢
黄谷驛
右去州東一百七十里東去魚泉驛卅五里爲
同前移道其驛遂廢
州學
右在城内在州西三百步其學院内東廂有先
聖太師廟堂内有素 先聖及先師顔子
之像春秋二時奠祭
縣學
右在州學西連院其院中東廂有 先聖太
師廟堂内有素 先聖及先師顔子之像
春秋二時奠祭
醫學
右在州學院内於北墻別擇房宇安置
二所社稷壇
州社稷壇各一 高四尺 周迴各卅四步
右在州城南六十步春秋二時奠祭
燉煌縣社稷壇各一 高四尺 周迴各卅四步

P.2005《沙洲都督府图经》

（五月）蓂彫二叶（十七日）学生薛安俊，信心弟子李吉顺专持念诵劝善”，又S.5402有《百姓薛彦俊等请判凭状》，李正宇先生据此判断薛安俊、薛彦俊为同一人。因此，我们有理由认为S.6024薛彦俊诗是一首学生习作。它仍旧告诉人们，勤苦学习的目的，就在于出人头地（得人钦），立身扬名。

学生中出现这种价值取向，究竟受到哪些方面的影响呢？我们认为，对敦煌学生这种价值取向影响最大的莫过于科举制的确立。隋唐科举制的确立，改变了魏晋以来“九品中正”下的官吏选拔制度。科举取士在某种程度上体现了平等竞争的原则，使广大中小地主，包括自耕农在内，有了步入仕途的机会，这对那些无家世可炫耀，无特权可依恃的中下层知识分子来说，无疑有巨大的诱惑力。科举制定型于隋代，但直到唐朝才得以认真推行，尽管通过科举制度选拔出来的官员在整个官僚体系中所占的比重不算太大，但是科举制在人们心目中的价值却远非其他选举制度可比。关于这一点，前人论述甚多，笔者要强调的是，从敦煌文献中，我们也可以看到这一点。仅以P.2418《父母恩重经讲经文》为例，文中说：

女男渐长成人子，一一父娘亲训示；台举还徒（图）立得身，招交（诏数）只要修仁义。嘱仙（先）生，交（教）文字，孝养礼仪须具备。未待教招（诏）一二年，等闲读尽诸书史。高低尽道好儿郎，远近皆言骨气异；成长了身为大丈夫，风流儒雅真公子。堂堂六尺丈夫身，雪色衣裳称举人；霄汉会当承雨露，高科登第出风尘。多应不

久逢新喜，何异成龙脱故鳞；酒熟花开三月里，但知排打曲江春。

曲江在长安城的东南角，是唐代京城的游赏胜地。春天是曲江最繁华的季节，及第新进士的宴会，使曲江春游更为引人注目。原来，进士放榜之后，在拜谢座主和参谒宰相之后，便是参加各种宴集，如曲江宴、杏园探花宴、慈恩题名等，新进士们在这些场合春风得意，出尽风头。如长庆年间王起知举，进士放榜后，张籍作《喜王起侍郎放榜》诗，诗云：“东风节气近清明，车马争来满禁城。二十八人初上牒，百千万里尽传名。谁家不借花园看，在处多将酒器行。共贺春司能鉴识，今年定合有公卿。”阳春三月，正是春游的大好季节，进士宴集，无疑是锦上添花，一面是进士春风得意，一面是车水马龙，引得游人争相观看，如此良辰美景，怎能不叫新进士们怦然心动呢？还有锦绣前程在等待着他们，自我价值的实现莫过于此！难怪孟郊在登第后要写下“昔日龌龊不足夸，今朝放荡思无涯。春风得意马蹄疾，一日看尽长安花”的诗句，真可谓“何异成龙脱故鳞”。讲经文是唐宋时期俗讲底本。俗讲则是当时流行于寺院，由俗讲僧向世俗大众通俗讲解佛经经文，并增加故事化成分，以宣传教义为目的的一种宗教说唱形式。简言之，讲经文是以通俗方式向世俗大众宣传佛教的一种形式。上引《父母恩重经讲经文》提到科举制度，足见唐代科举制影响之广泛。且该讲经文卷末有天成二年（927年）字样的题记，此时敦煌地区正处于曹氏归义军统治时期，敦煌实际上已是一个脱离中央控制相对独立的政权，和国家举行的科举考试相去甚远，但科举制的影响仍然深入人心，于此可见一斑。

科举制的影响是广泛而深远的，甚至波及婚姻家庭。一个人及第与否，在人们心目中的价值完全不同，进士及第，则成为姑娘们心中的白马王子，也成了许多家庭争相结亲的对象，若落第不中，就是已婚之人，也会受到妻子的奚落，家族的嘲讽。这种情况在唐代文献记载中屡见不鲜。如《太平广记》卷151《孟君》篇记载:“贞元中，有位孟员者，少时应进士举，久不中第，将罢举，又无所归。托于亲丈人省郎殷君宅，为殷氏贱厌，近至不容。”孟君被岳父大人瞧不起，又不幸染病，岳父就给了他三百文钱，将他赶出家门。孟君后住在一个占卜者家中，这位占卜者预言孟君将来必定富贵，于是孟君又回到岳父家中，但仍为岳父所不容，将其赶往马厩寄宿。由此可见唐代的人情势利。《下女夫词》是唐代敦煌地方举行婚礼仪式上的歌词，其前半部分是男方到女家迎亲时的问答，现将P.3350《下女夫词》中有关问答抄录如下：

女答：本是何方君子，何处英才？精神磊朗，因何到来？

儿答：本是长安君子，进士出身。选得刺史，故至高门。

…………

女答：何方所管，谁人伴换？次第申陈，不须潦乱。

儿答：敦煌县摄，公子伴涉；三史明闲，九经为业。

女答：夜久更兰（阑），星斗西流，马上刺史，是何之州？

儿答：金雪伉丽，辽（聊）此交游，马上刺史，本是沙州。

除 P.3350 外，《下女夫词》还有 P.2976、P.3893、P.3909、S.3227、S.3877、S.5515、S.5643、S.5949 及北图藏本等抄本，从现存的有关《下女夫词》来看，这些问答已形成了较固定的套式，文中反复强调迎亲的男方是“明经及第，进士出身”可见，即便是敦煌地区，在婚姻家庭关系中，科举制的影响也是无孔不入。一个人能否在科举考试中获得成功，成为衡量其个人价值和社会地位的主要标准，科举制对学生们的吸引力即在于此。

有唐一代，教育的发达，除了中央各级学馆有完整的组织外，还表现在教育的普及上。就敦煌而言，除了州县学校外，还有乡里坊巷之学、寺学、私学等。教育的普及，影响到社会风气的变化，鼓励读书成为当时敦煌地区上至达官贵人，下至平民百姓的共识。我们仍以民间流行的俚曲小调为例。P.2564《齖魺书》中的“劝学十二时”就是当时在敦煌民间流传的劝学歌词：

平旦寅，少年勤学莫辞贫，君不见，朱买未得贵，由自行歌自负薪。

日出卯，人生在世须臾老，男儿不学读诗书，恰似园中肥地草。

食时晨，偷光凿壁事殷勤，丈夫学问随身宝，白玉黄金未是珍。

隅中巳，专心发愤寻书疏，每忆贤人羊角哀，求学山中併粮［死］。

日南午，读书不得辞辛苦，如今圣主如贤才，去耳中华长用武。

……

其中“男儿不学读诗书，恰似园中肥地草”与北图藏生字 25 号（8347）学郎诗异曲同工，其诗曰：

清清（青青）何（河）边草，游如水舄舄（xi）

男儿不学问，如若壹头驴。

都是激励和鞭策学生刻苦学习，有所成就 。由此可见，劝学与入仕已成为当时普遍的社会思潮，这种社会思潮对学生的影响是毋庸置疑的。

中唐以后，由于应举者日渐增多，而朝廷每年录取名额有限，大批士人遂为藩镇所召辟，供职于节镇幕府，成为当时的普遍现象。敦煌地区自安史乱后，先为吐蕃所有，后又是归义军的天下。大中五年(851 年)，唐设沙州归义军， 归义军政权成为唐王朝设在西北地区的一个藩镇。唐王朝灭亡后，归义军政权实际上成为一个独立的地方政权。而归义军无论作为一个藩镇，还是成为一独立政权，都需要有各类人才为其服务，以保证其官僚体制的正常运转，这也给敦煌地区的学生提供了实现自我价值的机会。

情感与信仰

古代中国社会，“忠”“孝”观念作为基本的伦理道德和社会行为，为社会所提倡。“孝”成为评价一个人善恶的主要标准。一个人如果对父母不孝，他就不可能对国家和君主保持忠诚；如果一个人对父母有孝行，他就会受到全社会的褒奖，即使无所作为，也照样在社会上立足，受到人们的尊重。孔子说：“孝弟也者，其为仁之本与!”“孝”成为维护家庭乃至国家秩序的基本准则。唐宋时期的敦煌，传统的孝道思想，经过佛教的推波助澜，成为当时社会基本的行为规

范。敦煌学郎诗中也出现了感谢父母养育之恩的诗作。P.3534《论语集解》卷第四末题:

> 亥年四月七日孟郎郎写记
>
> 由由(悠悠)天上云,父母生我身,
>
> 小来学李(里)坐,今日得成人。

同样的诗句又见于北图玉字91号(8317)《七阶礼佛名经》背,说明这是一首在敦煌广泛流传的学郎诗。这类学郎诗在敦煌学郎诗题中并不多见,却足以反映当时社会上弥漫着的忠孝思想对学生们的影响。

唐宋时期,敦煌社会的一个显著特征是社会生活的宗教化与宗教的大众化。所谓宗教的大众化,就敦煌而言,主要是指佛教的大众化,它包括两方面的含义,一是指佛教教义的大众化,一是指佛教信仰的大众化。大众佛教,是敦煌佛教的一大特点,它和我们所理解的经典意义上的佛教有很大的不同。笔者在这里要强调的是,大众佛教的价值观念,也对学生们产生着影响,特别是寺学学生。如写经作为一种功德,和开窟、诵经、造塔、雕像、布施等一样,被认为不仅能免遭现世的种种灾难,而且还能解脱前世及后世的一切罪过,使人免遭地狱之苦,往生极乐世界。于是,写经就成为学生生活的内容之一。北图冈字84号(6258)《观音经》末题:"辛丑年(821年)七月二十八日,学生童子唐文英为妹久患写,毕功记。"P.3398《大身真言》末题"大晋天福捌年(943年)癸卯岁十一月十一日学士郎阴彦清发心自手写此尊经流传士（持）信”。P.2841《小乘三科》题记“太平兴国二年（977 年）丁丑岁二月廿九日白仕郎门下学士郎押衙董延长写《小乘三科》题记”。北图盈 76（7707）背《目连变文》末题，则将学生抄经目的解释得最为清楚，其题记曰：“太平兴国二年（977 年）岁在丁丑润（闰）六月五日显得寺学士郎杨愿受一人思微（惟），发愿作福，写尽此《目连变》一卷，后同释迦牟尼佛一会弥勒，生作佛为定；后有众生，同发信心，写尽《目连变》者，同池（此）愿力，莫堕三涂（途）。”唐宋时期，佛教成为敦煌地区占主导地位的宗教，社会生活的方方面面，几乎都和佛教有这样那样的联系，社会生活的宗教化现象十分明显。置身于这样的社会环境中，学生们的价值观念难免要受佛教义理的影响。

年龄的渐长和心理的成熟，对异性的向往和对爱情的追求也开始萌动于学生心中。且不说《诗经》开篇“关关雎鸠，在河之洲，窈窕淑女，君子好逑”的诗篇早已为学生们所熟知，就是敦煌地区男婚女嫁的热烈场面，也使他们耳濡目染。那些在学校里潜心读书的莘莘学子，也按捺不住春情萌动，渴望美好的爱情。P.2622《吉凶书仪》末题：

寸步难相见，同街似隔山，

苑（怨）天作河（何）罪，交（教）见不交（教）连（怜）。

此诗抄写于唐大中三年（859 年），没有抄写人署名， 或许写诗人实有恋爱对象，或许仅为抒发个人情怀，但这短短的四句五言诗，却将一个学生思念恋人又见不到恋人那种落寞惆怅，若有所失的心情表现得淋漓尽致。北图玉 91（8317）《七阶礼佛名经》背亦有一首五言诗：

那日兜头见，当初便有心。

数度门前过，何曾见一人。

和这首诗有异曲同工之妙。

P.3305《论语序》下题：

可连（怜）学生郎，其（骑）马上天唐（堂），

谁家有好女，嫁以（与）学生郎。

则将青年学生对爱情婚姻的向往表现得更加直白。类似这种由学生自己创作的爱情诗，在整个敦煌学郎题记中并不多见，但毕竟是“春色满园关不住，一枝红杏出墙来”，情窦初开的学郎们，总是掩饰不住内心的躁动和不安。“爱情”这一人类永恒的主题，无论是古代还是现代，都会使人产生无限的向往，何况他们之中，有人可能已经到了谈婚论嫁的年龄。更为可贵的是，除了敦煌文献外，我们已很难找到由在校学生自己创作的爱情诗，笔者孤陋，这些在敦煌文献中出现的学生诗题，恐怕在浩如烟海的古代文献中也是仅见，这使我们对中古时期的学生生活又多了一层了解，并从中感受到唐代婚姻的开放风气。

同学间相处久了，相互间的关系总是有亲有疏。共同的志向，共同的爱好，很容易使关系亲密的同学走到一起。于是在学生中也产生了金兰结义的现象，S.2894（5）《辛延□曹愿长盟书》记：“开宝悟

（五）折癸酉岁正月廿日净土寺学郎辛延□、曹愿长二人等同心一会，更不悔番（翻）悔记。”这里癸酉岁应为开宝六年（973 年）。在敦煌学郎题记中，有关学生结盟的题记仅发现此一件，结盟的原因和目的尚不清楚，但此卷另抄有几件开宝五年（972 年）的社邑文书。笔者认为，敦煌地区的学生结义，除受古代结义风气的影响外，更重要的是与敦煌地区民间结社的普遍有关。至于唐宋时期敦煌地区究竟有无学生结社，因无史料佐证，我们已很难判断了。

快乐与烦恼

唐宋学校教育，学生入学，首从识字、习字开始，因此，习字成为学童学生生活的重要内容之一。习字的目的有二，一是巩固所识之字，一是练习书法。唐宋时期，由于纸张缺乏，学童习字大多利用废弃的官私文书的背面，因而不少敦煌文献的背面，都有学生习字，习字的底本有《千字文》《百家姓》“上大人”等，还有以佛经为底本习字的。学童最初习字，务求简单易学，如“上大人”即是学童习字之法，P.3145：“上大夫，丘乙已，化三千，七十二，女小生，八九子，牛羊万……”P.3806：“上大夫，丘乙已，化三千，七十士，二小生，八九子，可知其礼也。”由于这些字笔画简单，易记易学，又能练习基本的文字笔法，成为唐宋时期敦煌地区流行的习字方法之一。据学者研究，不仅敦煌一地如此，其他地区也是如此。在宋、元、明、清的有关笔记中，都论及“上大人，丘乙已”，说明这一习字之法相传久远。S.2703 文书所存学童习字，则更有助于我们认识唐宋时期敦煌学童的识字教学。

S.2703 正面为唐代官府文书，有天宝八年（749 年）及乾元元年（781 年）款署，卷背习字，据李正宇先生推断为吐蕃管辖敦煌前期。此卷今存 83 行，每行 3 至 27 字不等， 共 1448 字。其中某童所写者 1291 字，某老师所写者 157 字（包括老师所书范字、日期及批语），习字日期为某月十八、十九、二十、二十一、二十二、二十三、二十四、二十五、二十六等九天，实际仅存六天日签。其中“二十四日”日签残失，所存六天日签的顺序， 因断残而被后人错接。习字底本为梁周兴嗣《千字文》。今残存“光、果、珍、柰、李、菜、重、芥、薑、海、咸、腾、致、雨、露、结、为、霜、金、生、丽、水、玉、出、崑、岗”等 26 字。

通过对此卷的分析，我们可以知道唐代学童习字的大致过程。唐代学童习字，基本上是每日必修，日日不间断。每日写 3 至 5 字，每字反复练习 30 到 100 遍。 其方法是，先由老师写出日课范字，范字一般写 3 至 5 字，每行顶端和中段各安排一个范字，每一范字之下留出一定的空白，供学生摹写。每日练字完后，交由老师批阅。老师在批改学生作业时，要在日课作业的末尾写一个“休”字，这和今日老师批改学生作业时，写一“阅”字大体相类。有的时候，老师还对学生的习字加上批语，以鼓励或批评学生。如此卷就保存了老师对某学生习字的批语“渐有少能，亦合甄赏”八字，意思是“逐渐有了进步，应当给予奖励”，短短几字，既表达了老师对学生的鼓励，也表

莫 468 窟北壁东侧　体罚学生　五代

孙志军　摄

明了老师教学认真负责的态度。因而，这件残卷成为我们考察唐宋学生生活的珍贵文献。

随着书法水平的不断提高和知识的增加，进入高年级后，抄写教材也成为学生生活的主要内容之一。唐五代时期，虽然印刷术已问世，但并未普及，学生所用课本仍然主要靠抄写。学生抄写教材大致有两种情况，一种是为自己读书而抄，如《论语集解卷第一》末题："大中五年（851年）五月一日，学生阴惠达受持诵读，书记。"S.707《孝经》末题："同光三年（925年）乙酉岁十一月八日三界寺学仕郎，郎君曹元深。"曹元深即曹氏归义军第三任节度使。P.3691《新集吉凶书仪》末题："天福五年（946年）庚子岁二十六日，学士郎吴儒贤诗（书）记耳续（读）诵记。"P. 3886："维大周显德七年（960年）岁次庚申七月一日大云寺学郎邓清子自手记。"P.2718《茶酒论》："开宝三年壬申岁（744年）正月十四日知（伎）术院弟子阎海真自手书记。"S.5441《捉季布传文》末题："太平兴［国］三年（978年）戊寅岁四月十四日，孔目学士郎阴奴儿自手写《季布》一卷。"S.4307《新集严父教》末题："雍熙三年（986年）岁次丙戌七月六日安参谋学仕郎李神奴写《严父教》，记之耳。"另一种情况是为别人抄写，抄写时要收取一定的费用，至于每份教材收取多少费用，已无材料佐证。P.2825《太公家教》末题："大中四年（850年）正月十五日，学生宋文显读，安文德写。"S.705《开蒙要训》末题："大中五年（851年）辛未三月廿三日，学生宋文献（宋文献疑即宋文显）诵，安文德写。”S.2614《大目乾边冥间救母并图一卷》末题：“贞明七年（921年）辛巳岁四月十六日，净土寺学郎薛安俊写张保达文书。” 由于许多题记并未注明由谁抄写，我们很难判断哪些教材是由学生为别人抄写的，但从下文我们可以知道，不少学生所读的课本，是由别人抄写的。

由于抄写课本是一件极为枯燥的事，因而学生在抄写之余，难免会发发牢骚，以排遣心中的烦闷。如有的学生就抱怨别人拖欠抄写费用，S.692《秦妇咏》末题：

贞明五年（919年）己卯岁四月十一日燉煌郡金光明寺学生安友盛写记

今日书写了，合有五斗米，

高代（低）不可得，环（还）是自身灾。

北图宿字99（8374）《五言诗一首赠上》：

写书今日了，因何不送钱？

谁家无赖汉，回面不相看。

有的学生则不愿认真抄写，P.2621《事森》末题：

写书不饮酒，恒日笔头乾（干），

且作随疑过，即与后人看。

P.3305《论语序》下题：

今朝闷会会（愦）（愦），更将愁来对。

好酒沽五升，送愁千里外。

学生李文段书一卷:

写书不饮酒，恒日笔头干;

且德（得）随意过，有错没人看。

北位68（8442）《百行章》一卷尾题:

写书不饮酒，恒日笔头干，

且作随宜过，即与后人看。

可见，唐宋时期，敦煌学生在学习或抄写之余，也饮酒以取乐，兴趣来时，若不饮酒，就不愿认真抄写，即便抄写，也马马虎虎，敷衍了事，出现错误也不愿纠正。当然，也有的学生比较谦虚，抄写完了，写上几句自谦之词，如P.3322《卜筮书》末有庚辰年（860年）正月十七日学生张大庆题记:

首（手）恶笔若（弱），多有厥错，明师见者，即以□却。

书后有浅（残）纸，不可别将归，

虽然无首（手）笔，伍（祗）作五言诗。

P.3780《秦妇咏》卷末显德四年（957）学士郎马富德题记:

手若（弱）笔恶，多有厥错，明书（师）见者，决丈五索。

这些诗句，反映了抄写者的真实情怀。学生毕竟是学生，在学习之余，他们也常常搞些恶作剧，或嘲讽老师，或戏谑同学，天真顽皮，跃然纸上。唐政府规定，学校每十天为一旬假，估计敦煌地区学校也大体如此。因而学生们在紧张、繁重的学习之余，希望早日放假，以便轻松轻松，缓解一下紧张的学习情绪。P.2622《吉凶书仪》

末题：

竹林清郁郁，伯（百）鸟取（趋）天飞，

今照（朝）是我日，且放学生郎归。

在吐鲁番出土阿斯塔那363号墓文书有唐景龙四年（710年）卜天寿写卷抄有五绝一首：

书写今日了，先生莫咸池（嫌迟）。明朝是贾（假）日，早放学生归。

可见，希望早日放假，犹如今日学生期盼早过周末，成为古今学生的共同心理。

P.T27卷背抄有两首学郎诗，则是学生嘲讽老师之作。其一曰：

阿师本是阎家儿，解甚不知得处书（诗），

今朝遣人轻轻问，后问之时心莫疑。

看来这位阎先生不是教学方法不得当，就是学识真有问题，否则，学生不会如此嘲讽他。学生一边嘲讽老师，一边又在同学中以自己读书多而炫耀，P.3486《开蒙要训》背题：

须（谁）人读自书，奉上百疋罗。

来人读不得，回头便唱歌。

另一位学生李再昌则夸奖学郎张富千的聪明用功（S.728《社司转帖》）：

学郎大歌张富千，一下趁到孝经边，

太公家教多不残，偻猡□儿实乡（相）偏。

还有的学生趁同学不注意，便在他的课本上写上几句诗，搞恶作剧：

今日书他智（字），他来定是嗔。

我今归舍去，将作是何人？

明知同学知道后要生气，却又装作一本正经。还有的学生拿同学开玩笑，如P.T27卷背题：

学郎汉，郭会昌，看看一似憨头狼。

世间薄酒总饮尽，一朝出来褥（辱）城隍。

这些即兴之作，散发着浓浓的学生味，天真朴实，把学生的淘气顽皮一下子展现在我们面前。

当然，也有为同学间相处不睦而苦恼的，同前引P.2622大中十三年（871年）抄《吉凶书仪》卷末诗写道：

今照（朝）书字笔头干（乾），谁知明振是个奸。

向前早许则其信，交他者（这）人不许（喜）欢。

这位学郎表明不喜欢一个名叫“明振”的同学，认为他这个人比较奸诈，不愿和他相处。可见在和同学朝夕相处的日子里，不是每天都充满着快乐，如何与同学相处，也是困扰学生的问题之一。

如果说，唐宋时期有学生实践活动的话，那么，每年岁末年初的驱傩活动，便是敦煌学生参与社会实践的时机之一。唐代，驱傩作为军礼的一种，是指在岁末除夕举行的驱逐旧年鬼魅疠疫，迎接新年福祉佑吉祥的礼仪制度。这种礼仪制度在唐后期也发生了变化。就敦煌而言，傩礼在实施过程中，和敦煌地区的民俗相结合，成为一种大众化的仪式，不仅逐鬼，而且加进社会人事。每年的驱傩礼仪，实际变成了岁末狂欢，这一热烈的场面，也有敦煌学生加入其中。

唐宋敦煌地区驱傩活动，由各傩队负责进行。州、县及节度府各有官办的驱傩队，坊巷有民办的驱傩队，佛、道、袄寺有寺观驱傩队。据《通典》卷 133 《大傩》条记载，唐代州县官办傩队由方相（领队）、唱率（领唱）、侲子（合唱队）、杂职（ 乐队等）组成。驱傩合唱队的侲子，据有关文献，敦煌地区则由学生担任。如：

若说驱傩弟子，国内最是英灵。今夜殄除灾孽，合得金盏银瓶。诸人总莫悭惜，子孙总得高荣。阿孃拟与疋帛，阿耶（爷）和遗�缇。如此（赏）学士，万代富寿利（勒）铭。（P.2058 背《驱傩儿郎伟》）

学郎不才之（致）庆，敢请宫（供）奉。（S.2055《儿郎伟》）

从兹学童祝愿，社稷劫石同阶。（P.4055《儿郎伟》）

“学童”“学士”“学郎”，是唐宋敦煌地区对学生的称谓（ 包括官私学校学生）。由于傩队既有官府所办，也有民间及寺观所办，所以，李正宇先生认为，官办傩队中的仪仗侲子，由官学学生充任，坊巷傩队的侲子则由乡学或私塾学生充任，佛教团体组织的驱傩队，由寺学学生充当，不同的是，敦煌地区傩队中的“侲子”，一般都称为“儿郎”而不叫“侲子”，敦煌文献中的《儿郎伟》即是傩队儿郎们的唱词。学童所唱的“儿郎伟”既有驱逐鬼魅和祝愿来年平安祥和的内容，也有反映当时社会生活和重大政治事件的内容。驱傩活动开始时，各种驱傩队伍同时出发，声势浩大，鼓乐喧天，穿街走巷，士人百姓，争相观看。同时，由于驱傩队伍经过化妆，扮演不同角色，边行进，边歌舞，又有鼓乐伴奏，把驱傩活动从古老的礼仪制度变成全民性的岁末娱乐活动。对敦煌地区的学生来说，参加驱傩活动，既是一次了解社会的社会实践活动，又是在假期里参加一次放松身心的娱乐活动。可以想见，在欢乐热闹的驱傩仪式上，学生们的心情一定是快乐无比的。

综上所述，可以看出，一方面，社会思想和社会现实影响着学生的价值观念及行为取向，另一方面，学生们毕竟生活在校园里，尚未真正体验到社会的复杂和人生的甘苦，因此，学生们的思想观念及行为方式虽然充满激情，但仍显得单纯、幼稚，带有浓厚的学生味。当他们步入社会，感受到人间冷暖，世态炎凉，变得成熟起来后，他们也会为自己学生时期的懵懂而可笑吧。归义军时期的历法专家翟奉达，晚年在读到自己学生时期的诗作时，感慨地写道："幼年之作，多不当路，今笑今笑，已前，达走笔题撰耳，年廿作。今年迈见此诗，羞煞人，羞煞人。"正好代表了那一代人对自己学生生活的反思。在学郎诗中，有的是在学生中普遍流传的，如"写书不饮酒""高门出贵子""悠悠天上云"等，体现了学生的共同心理，更多的则是即兴所作，是当时学生心情的真实表达。大家都知道唐代诗歌的繁荣与普及，但由学生创作的反映学生生活的学郎诗，在别处并不多见，而唐宋敦煌地区的学郎诗，正好从一个侧面印证了唐代诗歌的繁荣。当我们今天重拾这些唐宋时期学生生活的吉光片羽，我们仍然为其弥足珍贵的价值而欣慰。

（本文写作得到李正宇先生的帮助，深表感谢。）

蓬头稚子学垂纶

——敦煌壁画中的古代儿童游戏

在中国社会，无论古今，好学上进都是人们心目中好孩子的标准，“弱不好弄”则是对好孩子的具体要求。《新唐书》卷44《选举志上》记载，有唐一代，专设“童子科”，明确规定：“凡童子科，十岁以下能通一经及《孝经》《论语》，卷诵文十，通者予官；通七，予出身。”在唐代仕途开放的背景下，把科举考试的对象扩大到儿童，对社会各阶层无疑更具诱惑力。于是，童年即得功名者，在有唐一代，被成人树为典范，被视为儿童追随的目标。传世文献中，也留下了唐代一些知名人物出身童子科的记载，如《旧唐书·文苑上·杨炯传》载：“炯幼聪敏博学，善属文。神童举，拜校书郎，为崇文馆学士。”《大唐新语》卷八云：“贾言忠数岁记讽书，一日万言，七岁神童擢第，事亲以孝闻，迁监察御史。”《旧唐书·刘晏传》记刘晏七岁时被举为神童，授“秘书省正字”。读书勤学，不仅成为父母对儿童的基本要求，而且也成为少年儿童的自觉。

敦煌晚唐五代以来的学郎诗中，就出现了立志读书的自勉诗。如天复二年（902年）敦煌州学学生翟奉达就写下如下诗句：

三端俱全大丈夫，六艺堂堂世上无。男儿不学读诗书，恰似肥菜根尽枯。

P.2498《李陵苏武往还书》末亦有天成三年（928年）学郎李幸思的题记：

幸思比是老生儿，投师习业弃无知。父母偏怜昔（惜）爱子，日讽万幸（行）不滞迟。

正因为读书学习与个人未来的命运息息相关，好学上进自然成为那个时代人们心目中好孩子的标准，而游玩嬉戏则成为人们普遍斥责的行为方式。P.3883《孔子项讬相问书》中有一段项讬对博戏的看法，即可代表一种普遍观念。

小儿曰：“吾不博戏也。天子好博，风雨无期；诸侯好博，国事不治；吏人好博，文案稽迟；农人好博，耕种失时；学生好博，忘读书诗；小儿好博，笞挞及之。此是无益之事，何用学之?”

可见，唐宋时期的儿童教育及知识系统中是对儿童游戏始终排斥的。P.2418《父母恩重经讲经文》中有：

孩儿渐长成童子，慈母忧心不舍离；近火专忧红焰烧，临河恐坠清波死。捉蝴蝶，趁猧子，弄土拥泥向街里；盖为娇痴正是时，直缘骇小方如此……婴孩渐长作童儿，两颊桃花色整辉；五五相随骑竹马，三三结伴趁猧儿。贪逐胡（蝴）蝶抛家远，为钓青苔忘却归。

表面上看，文中不仅讲到儿童时代的游戏种类，而且流露了在父母呵护下儿童生活的快乐无忧。但另一方面我们也能感受到隐隐的批评之意，那就是儿童的贪玩，只为了自己的快乐，全然不顾父母的担忧和辛劳，忘记了父母的养育之恩。

然而，爱玩游戏是儿童的天性，是儿童成长过程中出自本能的有意识的活动，因而是儿童日常生活的重要内容。社会的价值观念尽管排斥儿童游戏，但不能无视儿童游戏的客观存在，更何况这种观念更多地来自成人的意愿，并非儿童心愿的表达；即使成人，也往往在一些特定情景中触景生情，不由自主地回忆起童年儿戏，这种成人对儿时游戏的追忆，在唐代诗文中多有流露，此不赘述。如此而言，儿童游戏更能反映儿童的生活世界。现代人类学之父爱德华·泰勒指出："当我们以民族学结论（这些结论或许是从它们之中得出来的）的观点来研究儿童和成人游戏的时候，下面的这种情况首先使我们吃惊，即其中许多仅仅是重要生活事情的滑稽性模仿。类似这样的，如现代孩子们玩的宴客、骑马和上教堂的游戏，在蒙昧人中主要的儿童娱乐是模仿那些孩子们在以后若干年将郑重从事的事情。由此可见，他们的游戏就是他们当前的功课。"从这一角度来看，儿童游戏是儿童成长过程中必然要经历的人生过程，社会的价值观念对儿童游戏的有意排斥，并不能阻止儿童与游戏的天然联系。近年来，随着儿童史研究的深入，人们对儿童游戏的关注也不断深入，对古代儿童游戏的了解也在不断增加。不过，由于客观条件的限制，学者们对古代图像资料中的儿童游戏资料则利用不够。特别是敦煌壁画中的儿童图像，除了少部分公开出版外，许多表现儿童游戏的图像资料并不为学者及大众所了解。如果我们结合传世文献、敦煌藏经洞出土文献进行研究，就可以发现，文献中所记载的许多游戏，在敦煌壁画中都能找到与之相对应的图像资料，使我们对古代儿童游戏有一个具体而形象的认识。

前引敦煌文献《父母恩重经讲经文》中，对儿童游戏的种类作了简单的提示，唐人诗作中更是记录了诸多儿童游戏的场景，如胡令能《小儿垂钓》："蓬头稚子学垂纶，侧坐莓苔草映身。路人借问遥招手，怕得鱼惊不应人。"描写的是儿童学成人钓鱼的场景。笔者认为晚唐诗人路德延《小儿诗》所记各类游戏，是传世文献中记载唐代儿童游戏种类最多的诗歌。诗中反映的儿童生活，大体涵盖了当时儿童游戏的各个方面，各种各样的儿童游戏，给天真无邪的孩子们带来了极大的乐趣。随着考古发现的增加，路德延诗歌中记载的儿童游戏活动，不少都得到图像资料的印证，但大多图像资料由于分散出土，显得零星而不系统，敦煌石窟壁画中的儿童游戏资料，由于其保存的完整性，则我们提供了相对系统的图像资料，因而也弥足珍贵。

骑竹马。以一根竹棍当马骑，是古代儿童简易而又方便的游戏，这种游戏方式起源于何时，目前尚无定论。学术界一般认为东汉年间并州牧巡行时受到骑竹马儿童的欢迎，是最早关于骑竹马的记载。

《后汉书》卷31《郭伋传》载，东汉初年，时任并州牧的郭伋外出巡行，“到西河美稷，有童儿数百，各骑竹马，道次迎拜。伋问：‘儿曹何自远来?’对曰：‘闻使君到，喜，故来奉迎。’伋辞谢之。” 这次别出心裁的欢迎活动，给日常生活中的普通游戏，赋予了具有礼仪性质的仪式意义，因而得到了统治者的表彰与提倡，此故事后来成为一个著名的典故，屡被引用。这种简单易行的游戏工具和游戏方式，最受儿童欢迎。敦煌佛爷庙湾出土西晋时期的画像砖中，有“母童嬉戏”砖一件（标本M39：西2-2），画面中间有“一束髻童子，上身穿无袖短衫，内着兜肚，下身裸，右手持一棍状物于胯下作骑马状”。专家认为：“幼童胯下之物应系中国民间儿童的自娱性游戏‘骑竹马’。”这一结论亦为学术界所接受。果如此，这应当是我们所见到的最早的儿童骑竹马图像，也说明早在西晋时期，敦煌已有“骑竹马”的儿童游戏了。

到了唐代，骑竹马游戏更为普及，成为文人学士经常吟咏的题材，而最为有名的莫过于李白的《长干行》：“妾发初覆额，折花门前剧。郎骑竹马来，绕床弄青梅。同居长干里，两小无嫌猜。”正由于此，骑竹马游戏也得到唐朝帝王的提倡，如贞观二十一年（647年），唐军攻下龟兹，捷报传至长安，唐太宗高兴地对大臣们说：“夫乐有几，朕尝言之：土城竹马，童儿乐也；饰金翠罗纨，妇人乐也；贸迁有无，商贾乐也；高官厚秩，士大夫乐也；战无前敌，将帅乐也；四海宁一，帝王乐也。朕今乐矣!”唐太宗以“土城竹马”为

莫高窟第9窟　东壁门南　供养人之童子骑竹马　晚唐

孙志军　摄

儿童之乐，足见当时这种游戏的普及，并最终为有唐一代都在流行的儿童游戏，出现在路德延诗中“嫩竹乘为马，新蒲折作鞭”。

唐代骑竹马的图像，以敦煌莫高窟第9窟东壁门南的小儿骑竹马图像最具代表。莫高窟第9窟绘于晚唐，其东壁门南的供养人行列中，在一贵族妇女供养像右侧，绘一身穿花袍服、内着襕裤，足蹬平头履的童子，童子胯下骑竹马，左手扶之，右手持竹梢，竹梢有竹叶，作赶马状，男童头部微侧，眼神与旁边的贵妇交流，既顽皮又可爱。如果我们注意到另一贵族妇女身后穿蓝袍之女童，我们就不难看出，一方面通过儿童随父母或长辈供养礼佛，向我们展示儿童从小参与社会生活的情景，另一方面骑竹马儿童的出现，又给庄严肃穆的礼佛场面增添了几许欢快的气息。骑竹马童子形象出现在供养人行列中，恰恰说明其在敦煌现实生活中的存在。而这又和敦煌藏经洞文献相映证。除前引《维摩诘经讲经文》《父母恩重经讲经文》讲到儿童骑竹马外，S.6631《九相观诗一本》之《童子相》云：“状貌随年盛，形躯逐日红。三周离膝下，七岁育成童。竹马游闾巷，纸鹤戏云中。花容艳阳日，绮服弄春风。宠爱量难比，恩怜靡与同。那堪百年后，长奄夜台空。”骑竹马成了人生成长过程中一个环节，一方面使我们感受到童年时的快乐，另一方面则使我们看到这一游戏的普及程度。

玩沙土。如同竹马一样，沙与土这两种与人类共存的自然物质，太容易成为儿童利用的游戏工具了。《韩非子》卷11《外储说左上第三十二》中说：“夫婴儿相与戏也，以尘为饭，以涂为羹，以木为胾，然至日晚必归饷者，尘饭涂羹可以戏而不可食也。”足见早在战国时期，就存在以泥土为玩具的儿童游戏，“尘饭涂羹”也成为一则成语为后世所引用。不仅中国如此，外国亦如此。《六度集经》卷第二《须大拏经》中所记：须大拏太子将自己一儿一女两个孩子施舍给一丑婆罗门，其妻子曼坻采果回来后，不见子女，便问太子曰：

吾儿如之而今独坐，儿常望覩（dǔ 睹）吾以果归，奔走趣吾，躄（bì）地复起，跳踉（liàng）喜笑，曰：“母归矣，饥儿饱矣。”今不覩之，将以惠人乎？吾坐，儿立各在左右，覩身有尘，竞共拂拭。今儿不来，又不覩处，卿以惠谁？可早相语。祷祀乾坤，情实难云，乃致良嗣。今儿戏具，泥象泥牛、泥马泥猪，杂巧诸物纵横于地，覩之心感，吾且发狂，将为虎狼鬼魅盗贼吞乎？疾释斯结，吾必死矣！

与此相类似的，在《贤愚经》卷第三《阿输迦施土品》中也有记载：

一时佛在舍卫国祇树给孤独园。尔时世尊，晨与阿难，入城乞食。见群小儿于道中戏，各聚地土，用作宫舍，及作仓藏财宝五谷。有一小儿，遥见佛来，见佛光相，敬心内发，欢喜踊跃，生布施心，即取仓中名为谷者，即以手掬，欲用施佛。身小不逮，语一小儿：“我登汝上，以谷布施。”小儿欢喜，报言：“可尔。”即蹑肩上，以土奉佛。佛即下钵，低头受土，受之已讫授与阿难，语言：“持此涂污我房。”乞食既得，还诣祇洹，阿难以土，涂佛房地，齐污一边，其土便尽。污已，整衣服，具以白佛。佛告阿难：“向者小儿，欢喜施土，土足涂污佛房一边，缘斯功德，我般涅槃百岁之后，当作国王，字阿输迦。其次小儿，当作大臣，共领阎浮提一切国土，兴显三宝，广设供养，分布舍利，遍阎浮提，当为我起八万四千塔。”

由经文中提及的“泥象泥牛，泥马泥猪”及泥土做的宫舍、谷仓等文字，我们不难看出，以泥土为玩具的游戏在古代印度同样存在。

相对于泥土而言，处于沙漠之中的敦煌，则为儿童提供了得天独厚的游戏工具——沙子。因此，玩沙子成为唐宋间敦煌儿童常见而又喜欢的游戏之一。检之敦煌文献，有关儿童玩沙游戏有如下记载。

S.2832《愿文等范本》之三三《妹三（亡）日》：

惟孩子禀乾坤而为质，承山岳已（以）作灵。惠和也，而（如）春花秀林；聪敏也，则秋霜并操。将谓宗枝永茂，冠盖重荣；岂期珠欲圆而忽碎，花正芳而□（凌）霜。致使聚沙之处，命伴无声；桃李园中，招花绝影。或者池边救蚁，或者林下聚沙。游戏寻常，不逾咫尺。岂谓春芳花果，横被霜霰之凋；掌上明珠，忽碎虎□之口。嗟孩子八岁之容华，变作九泉之灰；艳比红莲白玉，［化］作荒交（郊）之土。

这是一篇兄长哀悼早殁小妹的愿文范文，其中言及“林下聚沙”是其妹喜爱的游戏之一。而前引上海博物馆48（41379）《九相观》一卷“第二观”：“作膧朦（童蒙）。骑竹马，逐游戏。或聚沙来作米粜，或时觉走趁游风。”此中所记则是以沙子为米麦来堆积。至于P.4597《九想观诗》中的“童子想”则完全与佛教有关：

日月相摧（催）成幼童，五五三三作一丛。虽解聚沙为佛塔，心中仍未辩（辨）西东。

可见，玩沙游戏也可以玩出多种花样。敦煌儿童的玩沙游戏，由于受佛教功德思想的影响，不仅是儿童日常生活中的游戏，也成为具有象征意义的佛教仪式。《妙法莲华经·方便品》言道：

若于旷野中，积土成佛庙。乃至童子戏，聚沙为佛塔，如是诸人等，皆已成佛道。

此经说明聚沙作为一种功德，可为自身带来福报。唐宋时期，印沙、脱佛、脱塔被认为和诵经念佛具有同样的功德，成为敦煌地区每年都要进行的群众性功德活动。印沙是用刻有佛像或塔形的模范在沙滩上一按，即可完成。敦煌文献S.6417“印沙佛文”、P.3276背《社邑印沙佛文》（两篇）、S.5573“印沙佛文”、S.4458“印沙文”、P.4012“印沙佛文”等，即是印沙佛仪式开始时，请僧人念诵的印沙佛文。正因聚沙成塔，印沙佛都是能为自身带来福报的功德，因此在莫高窟第23窟（盛唐）北壁《法华经变》中，就依据《方便品》描绘了儿童“聚沙成塔”的画面。画面中四童子正在集中精力将一堆沙子聚成塔形，两童子坐地上，将地上的沙子往上堆积，另两童子站立，将沙子往更高处堆积。这个画面由于变色之故，如不亲临现场仔细辨别，很难从一般图录中看出沙子形状。画面虽然表现佛教内容，但所绘图像明显取材于日常生活中的儿童聚沙游戏，使我们通过画面，看到栩栩如生的儿童游戏场面。唐宋时期，玩沙土的儿童游戏并非敦煌一地，但莫高窟第23窟北壁的儿童《聚沙成塔图》，却为我们保存了儿童玩沙游戏这一珍贵场面，其价值意义自不待言。

骑狮子。西秦沙门圣坚译《太子须大拏经》记言：

太子适住一宿，山中空池皆出泉水，枯木诸树皆生华叶，诸毒虫兽皆为消灭，相食噉者皆自食草，诸杂果树自然茂盛，百鸟嘤嘤相和悲鸣。曼坻主行采果以饲太子及其男女。二儿亦复舍父母行，在于水边与禽兽戏，或有宿时。时男耶利骑师子上戏，师子跳踉，耶利堕地伤面血出。猕猴便取树叶拭其面血，将至水边以水洗之。太子在坐亦遥见之，曰：“禽兽乃有尔心。”

莫高窟第419窟（隋代）主室窟顶东披“须大拏太子本生”故事画、第423窟（隋代）窟顶前部东披“须大拏太子本生”故事画中，都描绘了这一情节。画面上，在树林山涧，一童子正骑狮子玩耍，表现了“男耶利骑师子上戏，师子跳踉”的情景。这是我们调查过程中注意到的儿童骑狮玩耍的画面，在敦煌石窟壁画中亦不多见，过去多不为学者所关注，现予揭出，以期方家留意。古代有斗兽游戏，但都在成人间进行，清代童蒙读物《声律启蒙》有“冯妇虎，叶公龙，舞蝶对鸣蛩”，所谓冯妇虎即《孟子·尽心章句下》所记冯妇搏虎之事。

晋人有冯妇者，善搏虎，卒为善士。则之野，有众逐虎。虎负嵎，莫之敢撄。望见冯妇，趋而迎之。冯妇攘臂下车。众皆悦之，其为士者笑之。

可见春秋战国时期，斗兽已成勇敢者彰显勇气、智慧的一种游戏，但斗兽游戏多由成人完成，文献资料中亦不见斗狮的记载。本篇所揭之儿童骑狮画面，充满神奇色彩，至于唐宋间日常生活中是否有以玩具狮子供儿童玩耍的记载，笔者尚未找到有关资料，还祈博雅君子指示方向。

骑牛。如果翻检《全唐诗》，我们可以看到，描写儿童骑牛放牧的诗歌比比皆是，而杜牧“借问酒家何处有？牧童遥指杏花村”的诗句更是家喻户晓。试想，几个骑牛放牧的儿童一起，唱着牧歌，吹着短笛，一边放牧，一边嬉戏，这是何等的欢乐自由！牧童骑牛于儿童来说自是快乐的游戏。莫高窟壁画中保留的儿童骑牛图像，可使我们体会这种儿童游戏的快乐。莫高窟 323 窟南壁有一组依唐长安西明寺道宣（596 年—667 年）据《集神州三宝感通录》所绘的佛教感应事迹壁画，其中一幅依“东晋杨都金像出渚缘”所绘，描写东晋时期扬州百姓迎接佛像（阿育王造像）至长干寺的情景。画工在描绘此事时，特意增加了众人迎佛的画面。在一组前往迎佛的人群中，一老者骑牛背上，一手握缰绳，一手指向前方的载佛之船，老者身后，一儿童将外衣缠于腰间，一手扶老者左肩，一手指向船中佛像，显得既神奇又兴奋。与此情景相同，在同壁西侧，还绘有另一幅儿童骑牛图。据《集神州三宝感通录》卷中《西晋吴郡石像浮江缘》所记：西晋愍帝建兴元年（313 年），惟卫、迦叶两石佛像浮于吴县松江沪渎口，巫、道来迎，则风浪骤起，僧人来迎，则风平浪静，最终由佛教徒迎至通玄寺供养。据此所记，画工在描绘二佛浮江，僧人稽首，僧众往江边迎佛像的场面时，绘一男子牵牛前行，牛背上坐一妇人手持香花，一儿童左手搂其腰间，侧身用右手招呼另一位身着长裙、手持香花的妇女。有人认为这是描写祖孙三代共同迎佛的场景，或许有一定的道理。上述两幅儿童骑牛图，都不能找到经典来源，当是画工据现实生活添加的场面。这两幅儿童骑牛的画面，一立一坐，一静一动，表现儿童随大人出行时既期盼，又兴奋的心态。除此而外，笔者在调查中还发现了另外的儿童骑牛图像。莫高窟第146窟西壁《劳度叉斗圣变》中，描绘佛弟子舍利弗与外道劳度叉斗法，舍利弗大获全胜，外道皆皈依佛教。前来观看的僧俗群众欢呼雀跃，有跳舞、奏乐者，有拍手鼓掌者，有僧人，有老妪，还有两位骑牛的成人，其中一位怀中坐一儿童，另一位背后坐一儿童，是我们了解古代儿童跟随成人参加社会活动的形象资料。这一组儿童骑牛图，在过去的相关介绍中几乎没有。笔者在调查中注意到，莫高窟壁画中儿童骑牛图，少而又少，今天看来，更显珍贵。

爬树、采花。爬树、采花是古代儿童常玩的游戏，至今仍然流行。莫高窟第112窟西龛西壁，绘有七童子攀树摘花的场景：在一棵开满鲜花的树上，有三童子已爬上树梢，中间一童子正在摘花，左侧一童子正要将采到的花扔给树下的同伴，右侧一童子刚爬上树枝，似还未站稳，树下有四童子，或俯拾地上花枝，或伸手接住同伴扔下的

莫高窟第 323 窟　主室南壁　童子骑牛

莫高窟第 112 窟　西壁龛内西壁南侧屏风画　群童采花　中唐

孙志军　摄

花，或试图爬树。七个小伙伴，神情各异，又和谐一体，充满童趣。112窟西壁龛内所绘《弥勒经变》，此画面所绘乃是以鲜花供养佛的场景，由于画像前面有塑像，拍摄有一定难度，且莫高窟也仅此一幅爬树采花图，弥足珍贵。

百戏杂技。学术界一般认为百戏是由先秦时期的“讲武之礼”，即军队操演和竞技活动的基础上发展起来的。唐代，将百戏归于散乐，《旧唐书》卷29《志第九·音乐二》记载：

《散乐》者，历代有之，非部伍之声，俳优歌舞杂奏。汉天子临轩设乐，舍利兽从西方来，戏于殿前，激水成比目鱼，跳跃嗽水，作雾翳日，化成黄龙，修八丈，出水游戏，辉耀日光。绳系两柱，相去数丈，二倡女对舞绳上，切肩而不倾。如是杂变，总名百戏……大抵《散乐》杂戏多幻术，幻术皆出西域，天竺尤甚。

可见百戏是在继承和发展了我国传统技艺的基础上，吸收其他民族杂技、幻术等技艺而形成的观赏性娱乐活动。百戏以杂技、魔术及马戏为主。唐宋时期，百戏既流行于宫廷王府，也活跃在坊巷村落，已成为人们休闲生活中一项常见的娱乐活动，且百戏活动因有儿童的参与，使其变得更为独特和吸引人。敦煌石窟壁画中与儿童有关的百戏杂技主要有顶竿、倒立、掷倒、叠罗汉等几种。

顶竿。顶竿又称橦伎、戴竿、透橦等。敦煌石窟壁画中表现儿童顶竿的画面，主要在以下几方面：（1）现实生活中的顶竿图。莫高窟第156窟北壁下部绘有《宋国夫人出行图》，描绘晚唐归义军节度使张议潮夫人出行的情节，最前部所绘的百戏场面其中就有顶竿一节。图面中一伎人头顶长竿，长竿上部有四童子正在做各种表演动作。（2）佛教瑞像中的顶竿图。莫高窟第72窟南壁《刘萨诃因缘变》绘有凉州番禾县（今永昌县）北御山谷石佛瑞像出现的故事，其中凉州东七里涧佛头出现，僧俗用肩舆送佛头到御山谷中安装，及安装后人们庆贺的情节。为了表现人们庆贺瑞像的场景，画面上绘一伎者单腿独立，头顶长竿，长竿顶端一儿童正在做倒立动作，伎者两旁，乐队手持乐器正在演奏，整个画面充满祥和气氛，把现实生活和宗教礼义结合得非常完美。（3）为表现佛教经典内容的顶竿图。鸠摩罗什译《金刚般若波罗蜜经》末尾有四句偈语说："一切有为法，如梦幻泡影，如露亦如电，应作如是观。"乃宣扬世间一切事物皆空幻不实之思想。为表现这一内容，在莫高窟第361窟南壁《金刚经变》中，画工描绘了一个顶竿场面：在一个三角形网上帷帐中，一伎人头顶长竿，一小儿正在竿顶做倒立动作。敦煌石窟壁画中，绘有顶竿图像最多的是依初唐实叉难陀译《大乘入楞伽经》所绘的《楞伽经变》。据贺世哲先生研究，顶竿图多绘于《楞伽经变》中的"幻师喻"，以表现"譬如幻师以幻术力，依草木瓦石幻作众生若干色相，令其见者种种分别，皆无真实"的佛教义理，说明客观存在的一切皆虚幻非实。画工在此也采用了顶竿图的形式来表现这一教义。这些顶竿图分别见于莫高窟第236窟南壁、第156窟窟顶东披、第85窟窟顶东披、第138窟主室南壁、第9窟主室西壁、第459窟南壁、第61

窟南壁、第55窟主室窟顶东披、第454窟主室南壁、第456窟南壁，除236窟绘于中唐吐蕃统治敦煌时期外，余皆绘于晚唐、五代、北宋时期。如莫高窟第61窟顶竿图中，绘三角形帷帐，中竖一竿，竿顶置一圆轮，一小儿脚踩圆轮进行表演，另一小儿单脚立于踩圆轮小儿头上，动作难度大而惊险。第85窟顶竿图中，亦绘一三角形帷帐，帷帐中一伎者头顶长竿，长竿顶端一身穿红色短袖装的男童单腿站立做表演，为我们确认在顶竿上端表演者为儿童提供了标本。第454窟的顶竿图与61窟相类似，只是两儿童在表演动作上有所不同。总之，敦煌石窟壁画中的顶竿图大多出现于晚唐五代以后，构图大体相似，竿顶表演者多为儿童，且表演时有乐队伴奏，气氛既惊险又刺激，有着浓郁的生活气息。

这里有必要对顶竿表演时表演者多为男女儿童略做说明。以传世文献中的唐代文献资料为例，唐人崔令钦撰《教坊记》载：

上于天津桥南设帐殿，酺三日。教坊一小儿，筋斗绝伦，乃以衣彩缯（zēng），梳洗，杂于内妓中。少顷，缘长竿上，倒立，寻复去手。久之，垂手抱竿，番身而下。乐人等皆舍所执，宛转于地，大呼万岁，百官拜庆。中使宣旨云："此技犹难，近教坊教成。"其实乃小儿也。

《明皇杂录》卷上载：

玄宗御勤政楼，大张乐，罗列百伎。时教坊有王大娘者，善戴百尺竿，竿上施木山，状瀛洲方丈，令小儿持绛节出入于其间，歌舞

莫高窟第 85 窟　窟顶东披　楞伽经变之勾栏百戏　晚唐

孙志军　摄

不辍。

唐人苏鹗《杜阳杂编》卷中记言：

上（案：敬宗）降日，大张音乐，集天下百戏于殿前。时有妓女石火胡，本幽州人也，挈养女五人，才八九岁，于百尺竿上张弓弦五条，令五女各居一条之上，衣五色衣，执戟持戈，舞《破阵乐》曲，俯仰来去，赴节如飞。是时观者目眩心怯。火胡立于十重朱画床子上，令诸女迭踏以至半空，手中皆执五彩小帜，床子大者始一尺余。俄而手足齐举，为之踏浑脱，歌呼抑扬若履平地。上赐物甚厚。文宗即位，恶其太险伤神，遂不复作。

以上数条，足证顶竿表演时，在竿顶者多为男女儿童，这也为我们辨别敦煌壁画中的顶竿图提供了文献依据。

叠罗汉。入唐以来，敦煌石窟壁画在表现西方净土中的化生观念时，完全突破了仅仅在莲花中化生的形式，而是在化育生命的七宝池、八功德水中，描绘了大量充满现实生活情趣的儿童形象。作为唐代百戏之一的叠罗汉即在其中。敦煌壁画中的叠罗汉形象以儿童为主，最著名者当为莫高窟初唐第220窟南壁《阿弥陀经变》和盛唐第217窟《观无量寿经变》中的叠罗汉图，它们已由敦煌研究院编辑出版的多种图录中公布，为各界所熟知，此不赘述。在莫高窟第361窟南壁《阿弥陀经变》中，绘有六童子嬉戏的场面，其中就有二童子正在做叠罗汉的动作。莫高窟第85窟南壁《报恩经变》中的叠罗汉形象，则是在净土经变外出现的另一种形式，颇有特点。第159窟主室

莫高窟第 217 窟　北壁　观无量寿经变之化生童子　盛唐

吴健　摄

南壁中唐绘《观无量寿经变》中，右侧木桥上有两个正在玩耍的儿童，一个骑在另一个背上，显然有叠罗汉的意味。此外，前述莫高窟第 61 窟南壁、第 156 窟窟顶东披、第 454 窟主室南壁所绘顶竿图中，儿童表演的动作也有叠罗汉的味道。法国巴黎吉美博物馆藏敦煌绢画《莲花化生童子图》（EO.1152，9 世纪），绘有七童子分三层立于莲花之上，或舞蹈，或奏乐，也会使我们联想起叠罗汉的情景。

倒立。倒立，俗称“拿大顶”。敦煌石窟壁画中的倒立图像，既有成人，也有儿童。莫高窟第 220 窟南壁《阿弥陀经变》中，就绘有一童子双手倒立于盛开的莲花之上，因其颜色变黑，更为引人注目。莫高窟第 79 窟窟顶四披，共绘有十二位童子拜佛像，其中北披就有一童子倒立的特写。莫高窟第 361 窟南壁《阿弥陀经变》中，也绘有二身倒立的儿童。

掷倒。掷倒，俗称翻筋斗。前引《教坊记》所记唐玄宗观看百戏表演时，见“教坊一小儿，筋斗绝伦……少顷，缘长竿上，倒立”，这种缘竿倒立的形象，便是当时流行的翻筋斗动作。据此可知莫高窟第 72 窟、361 窟、9 窟的顶竿图中，儿童的表演动作即是倒立筋斗的姿态。

下腰。下腰是一种柔术，表演者向后翻腰，手足皆触地，以表现身体的柔软程度。莫高窟第 79 窟西披所绘童子下腰拜佛图像，最具代表。由于百戏表演中，下腰、倒立、叠罗汉等表演动作往往结合在一起，如莫高窟第 85 窟南壁《报恩经变》所绘叠罗汉游戏，就有一

莫高窟第 79 窟　窟顶北披　倒立童子

孙志军　摄

莫高窟第 79 窟　窟顶西披　折腰童子

孙志军　摄

童子下腰，一童子站立其上的画面。第361窟南壁《阿弥陀经变》绘六童子表演百戏，就将倒立、下腰、叠罗汉组合在一起，最中间一童子下腰，一童子立于其腹部表演。整个画面以此为中心展开，非常优美。

玩布偶。唐代散乐中有傀儡戏，《通典》卷146《乐典六·散乐》记言：

歌舞戏，有大面、拨头、踏摇娘、窟儡子等戏。玄宗以其非正声，置教坊于禁中以处之…… 窟儡子，亦曰魁儡子，作偶人以戏，善歌舞。本丧乐也，汉末始用之于嘉会。北齐后主高纬尤所好。高丽之国亦有之。今闾市盛行焉。

可知傀儡戏即布偶戏。唐宋时期，随着布偶戏在民间的流传，敦煌也受到影响，敦煌藏经洞出土《维摩诘经讲经文》称：

也似机关傀儡，皆因绳索抽牵，或舞或歌，或行或走，曲罢事毕，抛向一边，直饶万劫驱遣，不肯行得，转动皆是之缘共助，便被幻惑人情。若夜断却诸缘，甚处有傀儡声□，所以玄宗皇帝从蜀地回，肃宗代位，册玄宗为上皇，在于西内。是政已归于太子，凡事皆不自专，四十八年为君，一旦何曾自在。齿衰发白，面皱身羸，乃裁请（诗）自喻。甚遂：“克木牵丝作老翁，鸡皮鹤发与真同，须臾曲罢还无事，也似人生一世中。”玄宗尚且如此，我等宁不伤身，奉劝门徒云云。

从本变文在敦煌的流行可以看出，当时敦煌人已知布偶戏表演形式。定名为《法华经变》的莫高窟第31窟窟顶东披，有一幅《玩布偶图》，学者认为是依据《法华经·随喜功德品》而绘。我们注意到《玩布偶图》前有一庭院，正堂房内坐一夫人，房前一妇女（可能是侍女）怀抱婴儿，左手拿一布外套包装的布偶在逗婴儿娱乐。画面所绘，虽然不是表演布偶戏，但作为表演的布偶，除了其本身用于表演之外，又多了一种功能，即作为儿童玩具供儿童游戏娱乐。因此，这个场景也是传世文献和其他资料无法比拟的。

步打球。步打球又称“步打”“步击”，是一种徒步以杖击球的球类运动，类似于今天的曲棍球。步打球是从马球活动发展演变而来的，除了不骑马之外，跟马球运动大体相似，游戏者分成两队，手持球杖在球场中往来奔跑，追逐拼抢，努力将那一只木球击入球门之中，看上去很像现在的曲棍球运动。榆林窟五代第15窟南壁中，绘一儿童伏跪在莲花座上，左手持一圆球，右手挥举一偃月形的球杖，学者认为，这即是古代步打球的形象。笔者在调查中发现，附近榆林窟14窟主室东壁还有另一幅与之相同的图像，画面中，两童子于莲花中作叠罗汉状，一儿童立于莲花上，左手托圆球，另一儿童立于该儿童肩上，一手拿球，一手拿球杆，与相邻第15窟的儿童打球形象很相似，这是我们在调查中发现的新材料。另外，笔者在莫高窟第12窟东壁门南《报恩经变》下部水池左侧，发现有两童子手持球杆站立，球杆形状与榆林窟第15窟《儿童打球图》很像，只是球杆略长，我们认为，是否为步打球球杆，尚需论证。

莫高窟第 31 窟　窟顶东披左侧下部　法华经变之随喜功德品(玩布偶)　盛唐

吴健　摄

榆林窟第 14 窟主室东壁　步打球

杜建军　摄

水中嬉戏。水中嬉戏是儿童天性，敦煌石窟壁画中表现儿童水中嬉戏的画面很多，且各不相同，为我们从另一个角度观察儿童游戏提供了难得的形象资料。如笔者在前节所言，入唐以来，敦煌石窟壁画在表现西方净土中的莲花化生观念时，完全突破了仅仅在莲花中化生的形式，而是在化育生命的七宝池、八功德水中，描绘了大量充满现实生活情趣的儿童形象。且受净土思潮影响，在药师经变及报恩经变等壁画中，也出现了儿童水中嬉戏的画面。儿童水中嬉戏的图像，为过去所不留意者甚多。水中嬉戏的内容，主要有：（1）水中游泳。如莫高窟第 148 窟东壁门北的《药师经变》，下部通壁绘宝池流水，笔者初步统计有 19 个儿童，其中就绘有数名儿童水中游泳。榆林窟第 25 窟南壁观无量寿经变中有儿童游泳更为可爱，其中一童子下潜入水，只露出屁股，令人忍俊不禁。其他如莫高窟第 196 窟主室南壁《阿弥陀经变》，第 200 窟南壁《报恩经变》，第 201 窟主室北壁《观经变》，第 231 南壁《观经变》、东壁门南《报恩经变》，第 307 窟前室西壁、主室北壁，第 361 北壁《药师经变》，榆林窟第 38 窟主室南壁《药师经变》等，均有儿童游泳的动作。（2）水中戏鹅或鸭。如莫高窟第 12 窟东壁门南《报恩经变》、第 148 窟东壁门北的《药师经变》、第 172 窟北壁《观经变》、第 200 窟南壁《观经变》、榆林窟第 25 窟南壁《观经变》等。（3）水上舞蹈。或舞于莲花之上，或舞于水中平台。如莫高窟第 107 窟北壁中池中央有三童子舞蹈、第 148 窟东壁门南《药师经变》水中平台中有四童子舞蹈，第 361 窟北壁《药师经变》中亦绘有二童子舞蹈，至于水中莲叶上者，则更多。(4)攀越栏杆。敦煌石窟壁画在表现净土世界时，往往在宝池流水中绘水榭楼台，因而壁画中就出现了诸多儿童攀越栏杆的画面。如莫高窟第12窟东壁门南《报恩经变》下部水池左右两侧各绘三童子，右侧三童子中，二童子戏鸭或鹅，一童子正在攀栏杆。至于莫高窟第159窟南壁《观经变》、196窟主室南壁《阿弥陀经变》中的儿童攀爬桥上栏杆的图像，更为大家所熟知。另外如第136窟南北壁《阿弥陀经变》，第107窟北壁《阿弥陀经变》，第307窟前室西壁门南北、主室南北壁净土变、榆林窟第38窟主室南壁《药师经变》中，都有儿童攀爬栏杆的画面。第107窟北壁壁画虽然漫漶，但仍然可辨有四童子分别于一圆弧形木桥上，或凭栏相望，或探头栏外，天真可爱。榆林窟第38窟主室南壁《药师变》下部水池中，可辨者有五童子，其中一童子正准备从水中桥上往下跳，一童子正在攀爬栏杆，真实表现了儿童喜欢玩耍的天性。

五代、宋（西夏）时期，出现了没有宝树、宝池、宝楼阁、天花、天乐、宝鸟，而以满壁菩萨坐莲花来表现净土世界的经变。在宋（西夏）时期的许多洞窟中，都出现了这种格式相同的净土变相，学者将这种经变画称为“简单的净土变”。因为在这些经变画中，说法的主尊是阿弥陀佛，所以这种经变画仍然表现的是西方净土世界。在这些简单的净土变中，出现出了许多看似雷同，实则形式各异的童子图像，这些童子出现的位置也不拘一格，这些儿童形象总体上以拜佛

莫高窟第 107 窟北壁　攀爬栏杆线描图

赵蓉　绘

莫高窟第 107 窟北壁　攀爬栏杆线描图

赵蓉　绘

供养为主，且未引起学界注意，对此，我们将另文探讨。

除了相关图像资料外，从敦煌藏经洞出土文献中，我们还发现诸如玩弹弓、捉蝴蝶、放纸鹤、逗哈巴狗（文献称“趁猧子”）、斗花草等，因为在敦煌石窟壁画中未能找到相应的图像资料，因而在本文中不再罗列。

综上所述，我们注意到敦煌石窟壁画中儿童游戏有如下几方面的特点：（1）敦煌石窟壁画中的儿童游戏图像，以唐宋时期为多，这与佛教西方净土思想的流行不无关系。（2）传世文献记载儿童游戏既有男童、也有女童，敦煌石窟壁画中，除个别经变（如观音经变）及供养人图像中有女童形象外，绝大多数为男童形象。（3）敦煌石窟壁画中的诸多儿童游戏图像无佛经依据，其来源与现实生活密切相关。（4）敦煌石窟壁画中的儿童游戏内容，具有很强的模仿成人性。（5）儿童所用玩具多就地取材，简单易作。（6）敦煌壁画中表现的儿童游戏，许多都可与路德延诗相映证，说明敦煌壁画中的儿童游戏，既有地方特色，又与中原地区相一致，是我们了解古代中国儿童生活的形象资料。

化生童子佛宫生

——“童子拜佛”的图像来源（以敦煌石窟为例）

知识一旦变为日用的常识，往往就会被人们“熟视无睹”。比如“童子拜佛”便是大家习以为常的一个词语，但很少有人去考察它的经典来源。2015年8月，笔者在北京参加一个学术研讨会，会上笔者作了敦煌石窟壁画中相关儿童生活图像的专题报告，其中提及“童子拜佛”经典来源问题，有学者认为与《华严经》中的“善财童子五十三参”有关，笔者对此不敢苟同，欲借敦煌石窟壁画中相关童子拜佛的图像，并结合传世文献及敦煌藏经洞出土文献，做一抛砖引玉的介绍。

敦煌石窟被称为“沙漠中的图书馆”，由于它是以图像的方式表现佛教内容，通过视角传导，向社会大众宣传佛教思想。因此，在表现佛教内容时加入了许多反映社会生活的画面，为我们提供了了解古代社会生活的图像资料，其中诸多儿童图像，为我们研究中古时期的儿童生活，提供了不可多得的形象资料。

迄今为止，对于敦煌石窟中反映儿童生活的图像，还没有做过系统的调查和公布。近年来，我利用在莫高窟工作之便，对敦煌石窟中的儿童图像进行了系统的调查。调查结果表明，敦煌石窟中的众多儿童图像，反映了中古时期儿童生活的方方面面，构成了一部形象的中古儿童生活史。今仅就本人所要探讨的主题，与读者诸君分享。

儿童拜佛经典来源的推测

“童子拜佛”是一个约定俗成的名词。关于童子拜佛的经典来源，笔者目前尚未找到确切的佛经依据。就敦煌而言，在经变画出现以前，石窟壁画中的儿童形象主要出现在本生和佛传故事中。笔者结合其中敦煌石窟壁画内容，提出以下几种推测，仅供参考。

1.《修行本起经》卷上《现变品》记载：提和卫国国王欲请锭光佛入国弘法，时隐居山林正在修行的梵志儒童，名无垢光，得同学资助，来到提和卫国，以五百银钱买得五朵花，意欲献佛。

即时佛到，国王臣民、长者居士、眷属围绕，数千百重，菩萨欲前散花，不能得前。佛知至意，化地作泥，人众两披，尔乃得前。便散五华，皆止空中，变成花盖，面七十里，二花住佛两肩上，如根生。菩萨欢喜，布发着地：“愿尊蹈之。”佛言：“岂可蹈乎?”菩萨对曰：“唯佛能蹈!”佛乃蹈之，即住而笑，口中五色光出，离口七尺，分为两分：一光绕佛三匝，光照三千大千刹土，莫不得所，还从顶入；一光下入十八地狱，苦痛一时得安。

……

佛告童子：“汝却后百劫，当得作佛，名释迦文（汉言能仁）如来……父名白净，母名摩耶，妻名裘夷，子名罗云，侍者名阿难，右面弟子，名舍利弗，左面弟子，名摩诃目揵连，教化五浊世人，度脱十方，当如我也！”

于是梵志儒童“稽首佛足，便作沙门”。

2.《贤愚经》卷第三《阿输迦施土品》。

一时佛在舍卫国祇树给孤独园。尔时世尊，晨与阿难，入城乞食。见群小儿于道中戏，各聚地土，用作宫舍，及作仓藏财宝五谷。有一小儿，遥见佛来，见佛光相，敬心内发，欢喜踊跃，生布施心，即取仓中名为谷者，即以手掬，欲用施佛。身小不逮，语一小儿：“我登汝上，以谷布施。”小儿欢喜，报言：“可尔。”即蹑肩上，以土奉佛。佛即下钵，低头受土，受之已讫授与阿难，语言：“持此涂污我房。”乞食既得，还诣祇洹，阿难以土，涂佛房地，齐污一边，其土便尽。污已，整衣服，具以白佛。佛告阿难：“向者小儿，欢喜施土，土足涂污佛房一边，缘斯功德，我般涅槃百岁之后，当作国王，字阿输迦。其次小儿，当作大臣，共领阎浮提一切国土，兴显三宝，广设供养，分布舍利，遍阎浮提，当为我起八万四千塔。”

3.《杂阿含经》卷第二十三。

一时，佛住王舍城迦兰陀竹园。

尔时，世尊晨朝着衣持钵，共诸比丘僧入城乞食。

……

时，世尊顺邑而行。时，彼有两童子，一者上姓，二者次姓，共在沙中嬉戏。一名阇耶，二名毘阇耶，遥见世尊来，三十二大人相庄严其体。时，阇耶童子心念言：“我当以麦麨（chǎo），仍手捧细沙，着世尊钵中。”

……

时，彼童子而发愿言：“以惠施善根功德，令得一天下一伞盖王，即于此生得供养诸佛。”

……

尔时，世尊告阿难曰：“如是，如是，如汝所说。诸佛无有因缘亦不发笑，我今笑者，其有因缘。阿难当知，于我灭度百年之后，此童子于巴连弗邑统领一方，为转轮王，姓孔雀，名阿育，正法治化，又复广布我舍利，当造八万四千法王之塔，安乐无量众生。”

以上几种佛教经典，或言佛陀前生为童子时，因为向佛献花或布施等行为，最终获得福报，得道成佛；或言阿育王儿童时，向佛布施，最终得为转轮王，主政孔雀王朝。检之敦煌石窟早期壁画中，我们尚未找到与上述经典相对应的图像。在山西云冈石窟和河北邯郸石窟等北方早期造像中，则有布发与阿输迦施土造像，这些造像所表现的儿童拜佛的特征是非常明显的。莫高窟五代北宋时期的壁画中也有少量儒童布发的图像，如莫高窟第 61 窟佛传故事画中的“孺童布发”，榆林窟第 39 窟主室门壁东北也绘有孺童布发的形象，但时代更晚一些。

同时，我们注意到，在《贤愚经》和《杂阿含经》的记载中，儿童对佛的布施与供养，是在游戏中完成的。对于儿童游戏，人类学之父爱德华·泰勒指出：“当我们以民族学结论（这些结论或许是从它们之中得出来的）的观点来研究儿童和成人游戏的时候，下面的这种情况首先使我们吃惊，即其中许多仅仅是重要生活事情的滑稽性模仿。类似这样的，如现代孩子们玩的宴客、骑马和上教堂的游戏，在蒙昧人中主要的儿童娱乐是模仿那些孩子们在以后若干年将郑重从事的事情。由此可见，他们的游戏就是他们当前的功课。”笔者认为，泰勒这段话，至少有两点值得我们注意，其一是，儿童游戏许多是对“重要生活事情的滑稽性模仿”；其二是“儿童娱乐是模仿那些孩子们在以后若干年将郑重从事的事情”。可以看出儿童生活的社会环境，对儿童的行为有着重要的影响。这一点，我们可举大家耳熟能详，并在当代被选入儿童课本的唐代古诗中得到印证，如胡令能《小儿垂钓》：“蓬头稚子学垂纶，侧坐莓苔草映身。路人借问遥招手，怕得鱼惊不应人”，描写的是儿童学成人钓鱼的场景；《四时田园杂兴》：“昼出耘田夜绩麻，村庄儿女各当家。童孙未解供耕织，也傍桑阴学种瓜”，描写的则是儿童学习耕种的场景。可见，把现实生活的场景，通过游戏的形式，在儿童生活中再现了出来，是儿童接受知识的重要来源。对于宗教信仰而言，亦是如此。拜佛与布施，本是佛教生活不

榆林窟第 39 窟北壁主室东壁北侧　孺童布发

可或缺的内容，就佛经本身的内容而言，也折射出当时社会生活中的佛教生活的内容，自然会为儿童模仿和学习。由此可见，社会生活的环境，是儿童佛教信仰的来源之一。以唐宋时期的敦煌社会为例，这一时期，佛教成为敦煌社会中最主要的信仰，上至地方最高长官，下至平民百姓，佛教信仰弥漫在社会各个阶层，敦煌儿童生活在这样的大环境中，自然会受到社会思潮和社会风气的影响。因而，笔者列举上述佛典，即是基于上述理由，对儿童拜佛的经典来源所作的一个基本判断。

经变画中化生童子的出现与童子拜佛

佛教认为，生命的出现，有四种形式：卵生、胎生、湿生、化生。对此四种生命形式，佛经中有过如下解释。

《增壹阿含经·四谛品》言：

一时，佛在舍卫国祇树给孤独园。尔时，世尊告诸比丘："有此四生。云何为四？所谓卵生、胎生、湿生、化生。彼云何名为卵生？所谓卵生者，鸡、雀、乌、鹊、孔雀、蛇、鱼、蚁子之属，皆是卵生。是谓名为卵生。彼云何名为胎生？所谓人及畜生，至二足虫，是谓名为胎生。彼云何名为因缘生？所谓腐肉中虫、厕中虫、如尸中虫。如是之属，皆名为因缘生。彼云何名为化生？所谓诸天、大地狱、饿鬼、若人、若畜生，是谓名为化生。是谓，比丘！有此四生。诸比丘舍离此四生，当求方便，成四谛法。如是，诸比丘！当作是学。"尔时，诸比丘闻佛所说，欢喜奉行。

从佛教经典所解释的化生来看，能够化生的种类很多，“所谓诸天、大地狱、饿鬼、若人、若畜生”等。但佛教的化生也是有条件的，最根本的条件即是“业力”，并不是任何种类都可以化生。这一点在西方净土世界表现得最为充分。佛教不仅创造了美好的西方极乐世界，而且明确表明往生极乐世界，并成为其子民的大多为化生。如曹魏康僧铠译《佛说无量寿经》卷下即言：

佛告阿难：“十方世界诸天人民，其有至心愿生彼国，凡有三辈：其上辈者，舍家弃欲而作沙门，发菩提心，一向专念无量寿佛，修诸功德愿生彼国。此等众生临寿终时，无量寿佛与诸大众，现其人前，即随彼佛往生其国，便于七宝华中自然化生，住不退转，智慧勇猛，神通自在。是故阿难！其有众生，欲于今世见无量寿佛，应发无上菩提之心，修行功德，愿生彼国。”

……

尔时，慈氏菩萨白佛言：“世尊！何因何缘彼国人民胎生化生？”

佛告慈氏：“若有众生以疑惑心修诸功德，愿生彼国，不了佛智、不思议智、不可称智、大乘广智、无等无伦最上胜智，于此诸智疑惑不信；然犹信罪福，修习善本，愿生其国。此诸众生生彼宫殿，寿五百岁，常不见佛、不闻经法、不见菩萨声闻圣众，是故于彼国土谓之胎生。若有众生明信佛智乃至胜智，作诸功德信心回向，此诸众生于七宝华中自然化生，加趺而坐，须臾之顷，身相光明，智慧功德如诸菩萨具足成就。

复次，慈氏，他方诸大菩萨，发心欲见无量寿佛，恭敬供养及诸菩萨声闻之众，彼菩萨等，命终得生无量寿国，于七宝华中自然化生。弥勒当知，彼化生者智慧胜故。其胎生者皆无智慧。于五百岁中，常不见佛，不闻经法，不见菩萨诸声闻众，无由供养于佛，不知菩萨法式，不得修习功德。当知此人，宿世之时，无有智慧，疑惑所致。

从经典所描述的内容，我们可以看到，通往西方极乐世界的道路没有别的生命方式，只有化生这种无所依托，借业力而出现的方式。这种方式在《佛说观无量寿经》中，得到了更为具体的描述，这就是所谓九品往生说。在《佛说观无量寿佛经》中，佛告阿难及韦提希："凡生西方有九品人"，非常明确地指明了"人"的化生方式，并将《佛说无量寿经》中的三辈往生又细分为九品往生，上品上生、上品中生、上品下生属于上辈往生，中品上生、中品中生、中品下生属于中辈往生，下品上生、下品中生和下品下生属于下辈往生。在属于九品往生的人群中，又根据个人业力的不同，决定了其在莲花中化生时间的长短。以"下品下生"为例：

佛告阿难及韦提希："下品下生者，或有众生作不善业，五逆、十恶，具诸不善。如此愚人以恶业故，应堕恶道，经历多劫，受苦无穷。如此愚人临命终时，遇善知识，种种安慰，为说妙法，教令念佛，彼人苦逼不遑念佛。善友告言：'汝若不能念彼佛者，应称归命无量寿佛。'如是至心令声不绝，具足十念，称南无阿弥陀佛。称佛

莫高窟第 197 窟北壁 观无量寿经

名故，于念念中，除八十亿劫生死之罪。命终之时见金莲花，犹如日轮，住其人前，如一念顷，即得往生极乐世界。于莲花中满十二大劫，莲花方开。当花敷时，观世音、大势至以大悲音声，即为其人广说实相，除灭罪法。闻已欢喜，应时即发菩提之心，是名下品下生者。”

由此可见，恶业越重者往生的品位越低，在闭合的莲花中化生的时间越长。虽然“命终之时见金莲花，……如一念顷，即得往生极乐世界”，但却要“于莲花中满十二大劫，莲花方开”，期间“观世音、大势至以大悲音声，即为其人广说实相，除灭罪法”。

正由于经文的明确规定，“化生”成为人进入西方极乐世界的手段与目标。但化生后的生命形式，佛经中没有明确指示，从《无量寿经》中佛与弥勒菩萨的对话，我们可知，化生为菩萨，是化生西方极乐世界的一个重要结果。我们或可从其他经典中找出依据，《佛说太子刷护经》中讲道：

太子白佛言：“菩萨何因缘得颜颊端正？何因缘不入女人腹中，于莲华中化生？何因缘能自知前世宿命之事？愿佛大恩当为我曹说之。”佛告太子：“能忍辱不怒者，后生即为人姝好；不淫泆，不与女人交通，若寿欲终时，人生一岁一月及七日者，后世生，便自知宿命无数世以来之事。”

对此，我们也可以从敦煌石窟壁画中得到印证。入隋以来，在莫高窟壁画中出现了以阿弥陀信仰为内容的西方净土经变，化生内容也随着经变的出现绘在壁画中。莫高窟第 335 窟南壁《无量寿经变》所绘七宝池中，描绘了 12 位坐在莲花上的化生菩萨；第 341 窟南壁《无量寿经变》，在七宝池中，描绘了 20 位坐在出水莲花上的化生菩萨，与之相对的北壁经变中，也绘了 19 位化生菩萨，可以说是初唐经变画中化生形象的代表。可见，化生为菩萨，是佛经为信仰者提供的一个主要方式。

然而，无论如何，化生是一种新的生命转化形式，人们很容易将其与新生命的诞生及儿童形象联系到一起，所以，除了化生菩萨外，入唐以来，敦煌石窟壁画中的化生形象，更多地以化生童子的形象出现。因此，个人认为，化生童子的最初图像来源与佛教西方净土信仰的产生发展是密不可分的。这一点可以莫高窟第 220 窟南壁的《无量寿经变》为代表。根据该窟主室东壁墨书题记，220 窟开凿于唐贞观十六年（642 年）。南壁七宝池中共绘 14 个化生童子。以阿弥陀佛前花坛为中心，将 14 个童子分为两组，左边一组绘 8 位儿童，其中 5 位或坐或跪于尚未盛开的莲花中，另外 3 位童子则站在已开放的莲花上；右边一组，绘 6 位童子，其中 4 位或跪或立于未开的莲苞中（一位做倒立状），另外 2 位童子，一位骑在另一位肩膀上，在开放的莲花中站立。笔者认为，这 9 个待在莲花花苞中的童子，应是表现“三辈九品”往生的观念；另外 5 位作游戏状的童子，应是画师的创意，表现化生童子作为净土世界的百姓在极乐世界的生活。并且，这些儿童图像的出现，为本来庄严肃穆的说法场面，平添了几分灵动与活跃的气氛。伴着净土信仰的流行，化生童子首先在西方净土变中大量出现。为了表现“三辈往生”“九品往生”，敦煌唐五代宋初的石窟壁画中，绘制了九个童子在待开的莲花中若隐若现。敦煌莫高窟第44窟北壁人字披下、第148窟东壁南侧、第180窟主室北壁、第197窟北壁、第201窟主室北壁、第205窟主室北壁、第393窟西壁都明确标明了按照“九品往生”所绘的化生童子。这些化生童子在莲花中隐约可见，正好表现了新生命孕育与诞生的过程。

我们注意到的一个现象是，从唐前期开始，西方净土世界中的化生童子就逐渐突破化生的宗教含义，变成现实生活中的儿童形象，如上述莫高窟第220窟南壁两组游戏状的儿童图像便是明证。即便是处在莲花中的儿童，也添加了诸多现实生活的内容而更具象征意义，这在晚唐、五代、宋初的壁画中表现得非常突出。并且，受西方净土思想的影响，唐宋时期，莫高窟其他经变画中也出现了化生童子。

敦煌变文S.6551《佛说阿弥陀经讲经文》对西方极乐世界有着如下描述：

无有胎生、卵生、湿生，皆是化生。非异熟业之招感，并一生补处，十地菩萨连（莲）花生，不同诸处受异熟业，虫蛆金翅鸟等，受化生身，无有刀兵，无有奴婢，无有欺屈，无有饥馑，无有王官，即是无量寿佛为国王，观音势志（至）为宰相，药上药王作梅录，化生童子是百姓。不是纳谷纳麦，纳酒纳布。唯是朝献花香，暮陈梵赞，更无别役。已（以）此如（而）言，无有十悲、八苦，无有一切不可意事，唯有共命频伽之鸟。非是业力受此鸟身，皆是无量寿佛宣流变，欲令发音念佛念僧之声。或言极乐世界者，无有众苦，但受法乐。非是五欲不净之乐也。或称常乐。常受法乐，无有苦辛，故称常乐。

讲经文中明确界定了化生童子在佛国世界的身份——“化生童子是百姓”，而这些作为佛国百姓的化生童子，他们的日常生活“不是纳谷纳麦，纳酒纳布。唯是朝献花香，暮陈梵赞，更无别役”。所谓“朝献花香，暮陈梵赞”，就是对佛的朝拜与礼赞。对此，敦煌文献P.2122《佛说阿弥陀经押座文》则有更详细的描写：

化生童子佛宫生，便得真珠網（网）里行。
耳里惟闻念三宝，时时更听树相撑。
化生童子上金桥，五色云擎宝座摇。
合掌惟称无量寿，八十忆（憶）劫罪根消。
化生童子仏（拂）金床，天雨天花动地香。
更有诸方共献果，委花槤（旋）被鸟衔将。
化生童子食天厨，百味馨香各自殊。
无限天人持宝器，琉璃钵饭似真珠。
化生童子见飞仙，落花空中左右旋。
微妙歌音云外听，尽言极乐胜诸天。
化生童子问春冬，自到西方见未分。
极乐国中无昼夜，花开花合辫（辨）朝昏。

化生童子道心强，衣裓盛花供十方。

恰到斋时还本国，听经念佛亦无防（妨）。

化生童子舞金田，鼓瑟箫韶半在天。

舍利鸟吟常乐韵，迦陵齐唱离攀缘。

化生童子本无情，尽向莲花朵里生。

七宝池中洗尘垢，自然清净是修行。

化生童子自相夸，为得如来许出家。

短发天然宜剃度，空披荷叶作袈裟。（原文至此已完）

上述讲经文表明，至少在10世纪以来，由“业力”大小而化生为一种新的生命形式，一般被认为是以儿童形象出现在佛国世界的，他们作为净土世界的百姓，承担着“朝献花香，暮陈梵赞”的义务，所以我们认为，童子拜佛形象的出现与佛教化生观念有着密切的关系。

敦煌石窟中的儿童拜佛形象

正如前引《无量寿经》所言，十方世界诸天人民，在其临终时，“无量寿佛与诸大众，现其人前，即随彼佛往生其国，便于七宝华中自然化生。”在七宝华中自然化生的新生命，由于得到佛的指引而住于西方净土世界，自然要对佛加以礼拜。观念一旦形成，形象也随之出现。随着人们对化生的理解越来越趋向于童子，童子拜佛的形象也就更多地出现在佛教绘画中。

从我们调查的情况来看，敦煌石窟中的童子拜佛形象最早出现在西方净土变中，莫高窟第217窟北壁观无量寿变中三组儿童拜佛的形象应当是唐前期较早出现者。在该窟北壁主画面说法图中，左右下角各有一组儿童拜佛图像。左下角乐队后面，一儿童双手合十，虔诚拜佛，对面阿弥陀佛左手持禅杖，右手向下，五指并拢作接引状，两侧各有一协侍菩萨，佛左手侧还有一持花供养菩萨。过去有学者将此构图误读为童子拜菩萨，可能是根据相关图录所作的判断，并未对整个画面进行整体观察所致。右下角乐队后面，一儿童双手持物品，敬献阿弥陀佛，佛左手略为下垂，右手做接引状，两侧各有一协待菩萨，佛左手侧还有一供养菩萨向佛献物。此外，在画面中央主尊阿弥陀佛说法像两侧各绘一佛二菩萨两组画像，左侧绘一跪一立二童子拜佛。这些拜佛的童子，如果对照经文，难以一一对应，但应当如P.2122《佛说阿弥陀经押座文》所说，是描写“化生童子佛宫生”的场面。其他如莫高窟第197窟北壁《观无量寿经变》、第126窟北壁《观无量寿经变》、莫高窟第307窟主室东壁门北《净土变》、同窟主室北壁西起第一铺《净土变》、榆林窟第13窟北壁《净土变》、第38窟南壁《观无量寿经变》、榆林窟第25窟南壁《观无量寿经变》等诸多西方净土变中都绘有童子拜佛的场景，恕不一一列举。

除了西方净土变中绘有童子拜佛的图像外，入唐以来，在其他经变画中也出现了童子拜佛的图像，如第361窟南壁《金刚经变》、榆林窟第38窟南北壁密教图像、莫高窟第9窟东壁门南《普贤变》(晚唐)、莫高窟第400窟北壁《药师变》等经变画中都出现了童子拜

榆林窟第 38 窟北壁 童子拜佛

杜建军　摄

莫高窟第 400 窟主室东壁门北 童子拜佛

佛的画面，应当是受西方净土思想的影响而创作的。此外，在千佛图像、主窟龛壁、通道壁画中也都出现了童子拜佛图像，如莫高窟第159窟西龛顶北披、第12窟主室佛龛南披等，最典型的如莫高窟第79窟的《童子拜佛图》，在窟顶四披的千佛图像中分别插入了共12幅不同形态的童子拜佛图。这些图像大多找不到经典来源，但笔者认为，绘制者之所以要做这样的处理，就是作为一个信仰者，表达他们心中的希冀和信仰的力量。

关于“童子”的界定

有学者将北朝时期绘于龛楣或平棋上面的莲花化生形象直接定为化生童子，笔者对此持有疑义。一者，化生并非化生童子，因此对莲花化生形象不可一概判定为化生童子。依此判断，所谓龛楣及平棋上面的化生形象，儿童特征并不明显。而同一时期本生、佛传故事中所绘的儿童形象，特征非常明显。笔者认为，既然以敦煌壁画中的儿童图像为研究对象，就应当以图像反映的儿童形象为主，因而笔者所依据的标准，是壁画中明显为儿童形象的画面。事实上莫高窟隋唐以后壁画中，也有同样的问题。如唐宋间《华严经变》中的“善财童子五十三参”中，善财童子多以青年形象出现，与我们所判定的儿童形象不相符合。二者，为什么会在上述部位描绘一个处在莲花中的人物头像，这一形象是否一定就是化生形象，学者们都未指出其经典来源，个人认为应当存疑，不宜直接判定为化生童子，因而有必要对我们认为的“儿童”做一界定。

莫高窟第 79 窟窟顶南披东侧　童子拜佛

孙志军　摄

唐代科举制确立后，专设“童子科”，明确规定：“凡童子科，十岁以下能通一经及《孝经》《论语》，卷诵文十，通者予官；通七，予出身。”这实际上从制度上对“童子”的年龄作了明确的规定。传世文献中，也留下了唐代一些知名人物出身童子科的记载，如《旧唐书·文苑上·杨炯传》载：“炯幼聪敏博学，善属文。神童举，拜校书郎，为崇文馆学士。”《大唐新语》卷八云：“贾言忠数岁记讽书，一日万言，七岁神童擢第，事亲以孝闻，迁监察御史。”《旧唐书·刘晏传》记刘晏七岁时被举为神童，授“秘书省正字”。《新唐书·杨收传》记载：“收七岁而孤，处丧若成人。母长孙亲授经，十三通大义。善属文，所赋辄就，吴人号神童。”敦煌文献 P.2418《父母恩重经讲经文》亦言：“是男七岁十岁以来，便交（教）入学 。”由此可见，年龄在七至十二岁之间孩子，大致符合我们对童子的认识。

笔者注意到，佛经中所说的童子，除了指儿童外，可能和我们理解的现实生活中的儿童，在意义上是有所区别的，这一点唐代著名高僧义净的著作，为我们提供了线索。义净是初唐著名僧人，他曾赴印度求法，归唐后撰成《南海寄归内法传》，详述他在印度及南海（今东南亚地区）所见到的佛教情况。在这部有名的佛教史著作中，义净记载道：

凡诸白衣，诣苾刍所，若专诵佛典，情希落发，毕愿缁衣，号为童子。或求外典，无心出离，名曰学生。

王邦维先生据此指出，所谓“童子”即指“刚刚进入寺院，学习

莫高窟第 85 窟南壁 报恩经

佛教，准备出家的年轻人”；“学生”则指“并不信仰佛教，但在寺院里学习”的人。就印度寺院教育，王邦维先生进一步指出：“这个时期佛教寺院教育的另一个特点是对外开放。到寺里来参加学习的不仅有正式的僧人，有来学习佛典、准备取得僧人资格的‘童子’，还有不当僧人，仅仅为学习外典而来的‘学生’……值得注意的是义净还讲到‘西国僧寺，多有学生，来就苾刍学习外典，一得驱驰给侍，二乃教发好心。既有自利利他，畜之非损’。因此看来寺院教育这种对外开放的现象十分普遍。”“寺院教育的对外开放，对佛教本身的发展无疑是有好处的。它使寺院可以从社会各方面获得更多的支持。在寺院中学习的‘童子’和‘学生’，不仅要自己负担自己的生活费用，而且要为寺院提供一些劳务性的服务。这对寺院只有好处，所以义净说是‘自利利他’。这同时还有利于帮助佛教寺院和那些即使不信仰佛教的世俗群众建立起比较良好的关系，扩大佛教的影响。”

由此我们推断，佛经中有关“童子”的记载，在某种情况下，可能并不是指儿童，而是那些“刚刚进入寺院，学习佛教，准备出家的年轻人”。这样我们也可以理解敦煌壁画中如“善财童子五十三参”等图像中，为何将其画为青年形象的原因了。

我们知道，儿童有宗教信仰，完全依赖于后天的环境与教育。以敦煌唐宋时期而言，全社会浓郁的佛教信仰环境，必然对儿童的行为生产影响，所以童子拜佛图像的出现，也折射出那个时代儿童佛教信仰的情况。社会大环境之外，儿童佛教信仰的形成，与家庭环境和学校关系密切。家庭环境暂且不说，以学校教育而言，敦煌唐宋间寺学普遍，儿童在寺学接受教育，信仰佛教，顺理成章，在世俗学校教育的教材中，也有许多与佛教相关的知识。

P.2581《孔子备问书》：

问：日月谁造？

答：日月菩萨造。一日一月照四天下，终如（而）复始也。

问：日月菩萨七宝造，东面黄金，西面白银，南面琉璃，上盖碧玉，下盖磨尼七宝，以助日月，日月明明，照耀四天下也。

……

问：佛从何而生？

答：昔者西方净土国王，性好精进，广能布施，男女不惜身命，得道已（以）后，生释迦，释迦生佛，救护父母，广济群生也。

P. 2721《杂抄》：

四月八日何谓？天子太子初生之日，广会圣众，设斋供养。

……

（七月）十四、十五日何谓？为大目乾连母青提夫人，缘将儿功德之物，避儿广买鸡肫，造诸恶业，堕在十八重地狱中，即至饿鬼狱中，受种种苦。目连投佛出家，后禅定观知，遂告诸佛，啼泣救母。令七月十五日，造盂兰佛盆供养，因此一切七代先亡父母，并皆得食吃自馀，时因为罪重悭贪，故作猛火水，亦复然也……

S.1920《百行章》之《遵行章第六十五》：

信凭佛法。敬神遵道，莫起慢心，勿生不信。五戒十善，种果之因。祇奉神祇，收福无量。

唐宋时期，学校教育尽管没有惠及每一位儿童，但其对儿童佛教信仰的形成，必然产生重要影响，这一点是不容置疑的事实。

以上就童子拜佛形象与儿童佛教信仰的关系作了简要的介绍，更进一步探讨，容笔者再作深入的调查研究，奉献于方家。

生诞四月春暖季

——新生儿三日洗礼之俗与四月初八浴佛之关系

新生儿出生后，要进行三日洗儿礼，这是唐宋时期儿童生活的一个重要环节。三日洗儿礼究竟源于何时，迄今未有明确的记载。宋人洪迈曾说过“莫知其事例之所起”。据颜之推在《颜氏家训》中言及，南朝时期江南风俗，子女周岁行“试儿”仪式时要“为制新衣，盥浴装饰”，但三日洗儿礼是否出现，仍不得其详。据唐郑处诲撰《明皇杂录》卷上载：

唐天后尝召诸皇孙座于殿上，观其嬉戏，取西国所贡玉环钏杯盘列于前后，纵令争取，以观其志。莫不奔竞，厚有所获，独玄宗端坐，略不为动。后大奇之，抚其背曰：“此儿当为天平天子。遂命取玉龙子以赐。玉龙子，太宗于晋阳宫得之，文德皇后常置之衣箱中，及大帝（即高宗李治）载诞之三日后，以朱络衣褓并玉龙子赐焉。”

天后即武则天，以玉环钏杯测试诸孙志向，当是南朝以来“试儿”之风流被所至。被玄宗视为宝玉的“玉龙子”则是当年高宗李治出生三天后，太宗皇帝所赐，后藏于内府，时间当在太宗贞观年间。学者据此多认为三日洗儿之礼即由此三日贺仪发展而来。明确记载三日洗儿者当为唐李德裕所编之《次柳氏旧闻》：“代宗之诞三日，上（玄宗）幸东宫，赐之金盆，命以浴。”据《旧唐书》所记，代宗生于开元十四年（726年）。可见自开元年间，三日洗儿之礼已从皇宫开始，至天宝年间，已流行于宫中。《资治通鉴》记载，天宝十载（751年）春正月“甲辰，禄山生日，上及贵妃赐衣服、宝器、酒馔甚厚。后三日，召禄山入禁中，贵妃以锦绣为大襁褓，裹禄山，使宫人以彩舆舁之。上闻后宫喧笑，问其故，左右以贵妃三日洗禄儿对。上自往观之，喜，赐贵妃洗儿金银钱，复厚赐禄山，尽欢而罢”。此后，洗儿之风逐渐由宫廷向民间传播，到五代北宋时期已在全社会流行了。《父母恩重经讲经文》即言：“十月迢迢在母胎，乞求分免（娩）诞婴孩。三朝为喜蒙平善，满月延僧息障灾。邻里争怜看不足，亲情瞻嘱意徘徊。从此阿娘怜不已，吐甘喂饲唱将来。”其“三朝为喜蒙平善”，当与三日洗礼有关。据P.2418《父母恩重经讲经文》之天成二年（927年）题记，我们认为河012号藏卷说明至迟在五代时期的敦煌也有三日洗儿之俗了。甘肃省博物馆藏敦煌绢画《报父母恩重经变》，则从图像上证明了这一点。《报父母恩重经变》说法图周围有15幅情景绘画，分别描述了从母亲十月怀胎到儿女成人，其间父母养育儿女的全部过程，供养人发愿文题记为北宋淳化二年（991年）。绢画左下方起自下而上第三幅所绘为：房屋内两红衣人端坐，当为产妇及其丈夫，屋外有一红衣妇人手抱婴儿木盆中洗浴，一年轻女子在旁相助，右边榜书题曰“十月将满产后母子俱显洗浴时”。这幅图像和前引“三朝为喜蒙平善”相映证，所描绘的当是三日洗儿之礼俗，足见初生洗浴已成为儿童生活中不可或缺的一部分。

根据有关资料分析，洗儿之礼大约包括洗浴、亲友相贺、宴饮相谢等内容。关于洗浴的内容，宋人孟元老在《东京梦华录》中记载曰：

三日落脐灸囟。七日谓之“一腊”。至满月则生色及绷绣钱，贵富家金银犀玉为之，并果子，大展洗儿会。亲宾盛集，煎香汤于盆中，下果子彩钱葱蒜等，用数丈彩绕之，名曰“围盆”。以钗子搅水，谓之“搅盆”。观者各撒钱于水中，谓之“添盆”。盆中枣子直立者，妇人争取食之，以为生男之征。浴儿毕，落胎发，遍谢坐客，抱牙儿入他人房，谓之“移窠”。

孟元老所记为北宋末东京开封的洗儿之礼，且所记为满月洗儿，可见入宋以后，既有三日洗儿之礼，亦有满月洗儿之仪，且流行后世，致南宋犹存。宋吴自牧《梦粱录》载：

杭城人家育子……三朝与儿落脐灸。七日名“一腊”，十四日谓之“二腊”，二十一日名曰“三腊”，女家与亲朋俱送膳食，如猪腰肚蹄脚之物。至满月，则外家以彩画钱或金银钱杂果，及送彩段珠翠囟角儿食物等，送往其家，大展“洗儿会”。亲朋俱集，煎香汤于银盆内，下洗儿果彩钱等，仍用色彩绕盆，谓之“围盆红”。尊长以金银钗搅水，名曰“搅盆钗”。亲宾亦以金钱银钗撒于盆中，谓之“添盆”。盆内有立枣儿，少年妇争取而食之，以为生男之征。浴儿落胎发毕，以发入金银小合，盛以色线结绦络之，抱儿遍谢诸亲坐客，及抱入姆婶房中，谓之“移窠”。若富室宦家，则用此礼。贫下之家，则随其俭，法则不如式也。

吴自牧所记则是南宋都城临安（杭州）一带满月洗儿之礼，与《东京梦华录》所记略同，说明自北而南，满月洗儿之俗从北宋一直延续到南宋。由此，我们从晚唐五代以来的有关材料中大致可以看出，对新生儿进行洗浴的目的，一是以香汤药水洗浴，以防止疾病感染，确保新生儿健康平安，二是祝愿新生儿袪灾免难，聪明机灵，富贵吉祥。无论是皇帝贵戚，还是平民百姓，尽管他们举行仪式的丰俭不同，但目的却高度一致，正是仪式背后所蕴含的普遍思想所致。

如前所言，新生儿洗浴之礼，唐以来成为儿童生活的一个重要环节，同时也承载着成人对儿童未来前途命运的期盼。关于此洗儿礼的起源，以往学者仅论及起于唐代，究其渊源者则很少。笔者在调查敦煌石窟儿童图像及查阅有关佛经的过程中联想到唐代浴儿之礼与佛传故事的关系，认为与佛教传入关系很大。如前所引，《礼记·内则》在有关生子之礼中没有浴儿规定，检之秦汉以前有关文献，亦未见有关为新生儿洗浴的记载。佛教传入后，随着大量经典的翻译和佛教知识的流传，佛传故事中有关为太子洗浴的故事渐渐为人们所了解，成为基本的知识，因而在新生儿诞生后进行洗浴的礼俗也随之产生了。目前，尽管我们无法找到直接的证据，但依笔者所掌握的资料，佛教传入前中国传统的生子之礼中似没有洗儿之礼。

唐宋时期，佛传故事中流传最广的关于洗浴的故事，是释迦牟尼诞生后“九龙灌顶”的情节，这几乎成为那个时代人们的共识。现存有关佛传的经典，大多记述释迦牟尼以太子身降生迦毗罗卫国时，有龙王为之洗浴的故事。莫高窟第290窟窟顶佛传故事，是莫高窟现存最早系统表现释迦生平的壁画，其中就绘有九条龙为太子洗浴的图像，之后佛传中有关太子洗浴的情节，也多以九龙灌浴的形象出现，如莫高窟晚唐第61窟主窟南壁的佛传故事，英国博物馆藏Ch.0039、Ch.xxii.0035等绢画中，所绘也为九龙。入唐以来，表现弥勒下生的《弥勒经变》中，也多为九龙，如莫高窟第186窟窟顶南披《弥勒经变》即是如此。莫高窟第290窟佛传故事，据樊锦诗、马世长先生研究，主要依《修行本起经》而绘，唯洗浴一节则依《普曜经》而绘。《普曜经》为西晋高僧竺法护所译，竺法护及其弟子在翻译佛经的同时，在敦煌延寺立学，宣扬佛教，佛教开始在敦煌社会生活中产生影响，其所译《普曜经》自然也为当地僧俗群众所接受。290窟中出现九龙洗浴的画面，于此竺法护在敦煌的影响可见一斑。结合藏经洞出土文献中有关佛传的资料，我们就可发现，“九龙灌顶”是自北周隋唐以来敦煌普遍流行的佛传故事情节。

莫高窟第 290 窟　人字披东披上栏中　佛传故事之九龙灌顶

笔者在此饶舌，是因为在阅读有关佛传的经典时，发现佛经中对释迦洗浴的记载并不一致，故拟多费笔墨将其罗列，以期使我们对佛经的传译、流变、影响有一定的了解。现据《大正新修大藏经》之《本缘部类》，将佛传部分关于“太子洗浴”情节归纳如下。

(1) 一龙说。此说见于《佛本行经》卷第一《如来生品》。

大龙王子，如须弥山；目犹日月，动海出水。头戴云盖，速疾寻至；细雨香水，敬浴太子。

除佛传故事中言及一龙王沐浴太子外，还有本生故事中释迦预言中所提及的龙王沐浴，如《悲华经》言：

我于尔时悕求洗浴，愿有最胜大龙王来洗浴我身，众生见者即住三乘，所得功德如上所说。我为童子乘羊车时，所可示现种种伎术，为悟一切诸众生故。

《大乘悲分陀利经》亦言：

我欲浴时令其中最胜龙王彼来浴我，其有众生见我浴者，令彼一切于三乘获如是德，如前所说。其有众生见我乘者，略说，为童子游戏乃种种业示教众生。

我们在榆林窟第3窟（西夏）东壁佛传故事画中，发现表现释迦诞生奇瑞时，就绘有一龙为其沐浴，或可与《佛本行经》有关。

(2) 二龙说。记载二龙王为太子沐浴的佛经主要是《修行本起经》和《过去现在因果经》。《过去现在因果经》卷第一载：

尔时夫人，既入园已，诸根寂静；十月满足，于二月八日日初出时，夫人见彼园中，有一大树，名曰无忧，花色香鲜，枝叶分布，极为茂盛；即举右手，欲牵摘之；菩萨渐渐从右胁出。于时树下，亦生七宝七茎莲花，大如车轮；菩萨即便堕莲花上，无扶侍者，自行七步，举其右手而师子吼：“我于一切天人之中最尊最胜，无量生死于今尽矣，此生利益一切人天。”说是言已，时四天王，即以天缯接太子身，置宝机上；释提桓因手执宝盖，大梵天王又持白拂，侍立左右；难陀龙王、优波难陀龙王，于虚空中，吐清净水，一温一凉，灌太子身——身黄金色有三十二相，放大光明，普照三千大千世界——天龙八部亦于空中作天伎乐，歌呗赞颂，烧众名香，散诸妙花，又雨天衣及以璎珞，缤纷乱坠不可称数。

本经所记释迦出生后有二龙王为之洗浴，这和前引《修行本起经》所记大体相同。《大般涅槃经》对此也有简略的记载。

若见菩萨初生之时。于十方面各行七步。摩尼跋陀富那跋陀鬼神。震动无量无边世界。金光晃曜弥满虚空。难陀龙王及跋难陀以神通力浴菩萨身。

《修行本起经》译成于东汉，是目前所知最早关于佛传的经典，其所记二龙王洗浴与今巴基斯坦白沙瓦博物馆（Peshawar Museum）所藏的洗浴图像十分吻合，很可能与原典相近，莫高窟佛传故事画中未见二龙沐浴之画面。

此外，《佛本行集经》虽未提及二龙王洗浴，但讲到虚空中有冷暖二水洗浴童子，却与以上诸经大致相同。

榆林窟第3窟　东壁中央　八塔变之腋下诞生　西夏

吴健　摄

榆林窟第 3 窟　东壁中央　八塔变之　诞生奇瑞
吴健　摄

童子生时，一切诸天从于虚空，持好细妙迦尸迦衣，周匝遍裹于童子身，持向母前，作如是语：“国大夫人，当自庆幸，倍生欢喜。何以故？今大夫人！产育圣子。”当是童子初欲出时，仰观母胁，而说是言：“我从今日，不复更受母人之胎，此即是我最后边身。从是已去，我当作佛。”即立于地，无人扶持即行七步，足所履处皆生莲华，一切四方，正眼观视，目不暂瞬，不惊不怖。正立东面，言辞辩净，字句圆满非如孩童，而说是言：“于诸世间，我为最胜，我当济拔一切生死烦恼根本。”童子在彼所立地处，以是童子身清净故，从虚空中，二水注下，一暖一冷，复持金床，令童子坐，澡浴其身。

(3) 九龙说。《普曜经》卷第二《欲生时三十二瑞品》载：

尔时菩萨从右胁生，忽然见身住宝莲华，堕地行七步显扬梵音，无常训教：“我当救度天上天下为天人尊，断生死苦，三界无上，使一切众无为常安。”天帝释梵忽然来下，杂名香水洗浴菩萨，九龙在上而下香水，洗浴圣尊，洗浴竟已身心清净；所在游居道超具足，生于大姓如正真宝，奇相众好应转法轮，若转轮王处在三界，以一道盖覆于十方。其白净王心中坦然踊跃无量。

这是九龙说的最早来源。《普曜经》为西晋高僧竺法护所译，在其同时翻译的《过去世佛分卫经》中曾讲道：一母亲送子出家为沙门，佛预言“此儿却后十四劫当得作佛，九龙当浴”，竺法护被称为“敦煌菩萨”，所以《普曜经》虽晚于《修行本起经》但影响甚巨。从敦煌石窟壁画图像及有关藏经洞出土文献来看，自北周至北宋数世纪中，“九龙灌浴”说一直是敦煌地区占主导地位的佛传故事情节。如P.2999《太子成道变文》曰：

圣主摩耶往后圆，彩女嫔妃奏乐喧。鱼透碧波堪赏玩，无忧花色最宜观。无忧花树叶能青，夫人彼中缓步行。举手才攀诸余叶，释迦圣主袖中生。释迦慈父降生来，还从右胁出身胎。九龙洒水早是衩，千轮足下瑞莲开。

P.2440《太子成道吟词》，同卷八相押座文，日本龙谷大学藏《悉达太子修道因缘》都有基本相同的文字。P.4480《太子成道变文》虽文字与前相异，但于九龙洗浴之说则无不同，其文曰：

到癸丑年之岁七月十五日夜，从于六欲界天上降下于摩耶夫人藏中，讬胎左胁但入右。到丙寅之岁四月八日，于南弥梨园中手搦无忧树，脚红莲花右诞下……九龙吐水浴太子，举脚七步，一手指天，一手指地，口称：“唯我为尊，某乙向上更无人。”当时摩耶夫人遣差官健三人，趣净饭王前：“太子诞下，在金盘子承，转瞬从天有九队雷鸣，一队鸣中各有一毒龙吐水，浴我太子。举脚七步，一手指天，一手指地：‘唯我为尊，某乙头上更无人。’”净饭王闻奏此语，光颜大悦。

《八相变》也讲道：

太子既生之下，感得九龙吐水，沐浴一身。举左手而指天，垂右臂而于地。东西徐步，起足莲花。凡人观此皆殊祥，遇者倾瞻诸异瑞。当尔之时，道何言语：

九龙吐水浴身胎，八部神光曜殿台。希奇瑞相头中现，菡萏莲花足下开。

除上述变文而外，如S.8344《四月八日文》、S.2832《释门应用文》、P.2940《斋琬文》等佛教斋愿文中，皆言及九龙沐浴之事。足见晚唐五代宋初，释迦牟尼以太子身份降生，有九龙为之淋浴的故事，已成为敦煌地区普通民众的常识。

(4) 四天王说。《太子瑞应本起经》卷上说：

菩萨初下，化乘白象，冠日之精。因母昼寝，而示梦焉，从右胁入……到四月八日夜明星出时，化从右胁生堕地，即行七步，举右手住而言："天上天下，唯我为尊。三界皆苦，何可乐者?"是时天地大动，宫中尽明。梵释神天，皆下于空中侍。四天王接置金机上，以天香汤，浴太子身。身黄金色，有三十二相，光明彻照，上至二十八天，下至十八地狱，极佛境界莫不大明。

四天王为太子洗浴之事，亦见于《异出菩萨本起经》：

太子以四月八日夜半时生，从母右胁生堕地，行七步之中，举足高四寸，足不蹈地，即复举右手言："天上天下，尊无过我者!" 四天王即来下作礼，抱持太子，置黄金机上，和汤浴形，王与夫人、左右皆惊。

四天王洗浴的图像，我们在敦煌石窟中没有发现。

(5) 梵释诸天与龙王共同说。此说见于《方广大庄严经·诞生品》：

尔时世尊说是偈言：今者圣人出，为世作津梁，四王释梵等，及余诸天众，曲躬尽围绕，咸生欢喜心。彼人中师子，当出母右胁，光明极清净，晖耀如金山。释梵手承捧，震动百千界，三恶趣众生，离苦皆安乐，天衣及天花，遍满于虚空。诸佛精进力，此地为金刚，导师所下足，瑞莲随步起。周行七步时，演妙梵音声："我为大医王，能除生死病。我于世间中，为最尊最胜。"梵释诸天等，在于虚空中，以手捧香水，灌洒于菩萨。龙王下二水，冷暖极调和；诸天以香水，洗浴于菩萨。

以上笔者多费笔墨，列举了有关释迦牟尼初生时有关沐浴的不同记载，在于说明尽管佛经记载不一，不论由谁来"沐浴"，"沐浴"这一情节都是各经共有的，随着佛经的传译和佛教知识的普及，为中国人所接受，并绘于图画当中，成为表现古代儿童生活的一个内容。

九龙浴佛的故事发生在何时，说法不一，从有关文献记载说明，农历四月初八为"佛诞日"，是最普遍的说法。敦煌文献 P.2721《杂抄》曰："四月八日何谓？天子太子初生之日，广会圣众，设斋供养。"《杂抄》又名《珠玉抄》《益智文》，所记多为当时社会生活中最为流行和最基本的知识，可见唐宋时期敦煌地区佛诞日主要还是以四月八日为主。《唐会要》记载："天宝五载二月十三日，太清宫使门下侍郎陈希烈奏：大圣祖玄元皇帝以二月十五日降生，既是吉辰，四月八日佛生日，准令，休假一日。从之。"（《唐会要》卷五十《杂记》下）说明唐代已将四月八日作为法定的节日。佛诞日已成为社会生活中一个重要的节庆活动。

四月八日作为佛教节庆活动，敦煌地区除了举行法会、斋会、浴佛等活动外，僧俗百姓还通过写经、造幡等活动来表达信仰。浴佛作为一个重要的仪式，其内容之一便是以此象征佛诞生时九龙洗浴的情节。敦煌文献S.6537《大唐新定吉凶书仪》言：“四月八日赏糕糜，浴佛行道。”说明浴佛是唐官方认可的活动内容。佛诞日的浴佛，其参与者上至政府官员，下至平民百姓，在表达信仰的同时，也成为社会生活的常识。九龙洗浴与四月八日浴佛，表达的正是为新生儿童沐浴的象征意义，由此引申出世俗间为新生儿洗浴的礼仪是非常有可能的。《高僧传》卷九《佛图澄传》记载，后赵开国君主石勒的幼子由佛寺养育，“每至四月八日，勒躬自诣寺，灌佛为儿发愿。”这或可为我们探讨三日洗儿之礼的渊源提供佐证。

爱情两个字，好辛苦

——敦煌石窟壁画中与爱情相关的图像

《四十二章经》中说：“出家沙门者断欲去爱”，一旦削发为僧，即表明舍俗离家，不再为世俗亲情所累，去过那“日中一食，树下一宿”的佛子生活。同经中还说：“爱欲莫甚于色，色之为欲，其大无外。”对于男欢女爱，佛教戒律更是明令禁止。但是，人世间有七情六欲，情爱两个字岂能是说断就可以断的？佛的前世今生，不也是经历了种种爱情的考验，每一次的经历，又何尝不是难以割舍。所以在我决定为这个主题取一个名字时，突然映在脑海中的一句话，就是：“爱情两个字，好辛苦！”后来想起，这是多年前电视连续剧《包青天》中的一个主题曲，曲名叫“新鸳鸯蝴蝶梦”，也是当时非常流行的一首歌曲，而剧中沈离垢的凄美爱情，不由得让人一唱三叹。

一

在古印度安陀国里，有一位德高望重的居士，信仰佛法，敬奉三宝，经常置办各种色香味美的素食，按时供养一位乞食比丘。一天，这位居士受邀外出做客，留下女儿看守家园。由于走得匆忙，这位居士忘了给乞食比丘奉送供养。乞食比丘未能按时得到供养，便派新收的少年弟子前往居士家中收取供养。弟子来到居士门前，轻叩门扉，言明自己是前来求取供养的沙弥。开门迎接小沙弥的少女，看到眼前这位眉清目秀、端正有相的英俊少年，顿生爱慕之情，这就是她朝思暮想的如意郎君呀！一见钟情的少女，满心欢喜地把小沙弥请进家中，撇下少女的羞涩，大胆地向小沙弥表白了爱慕之情。怎奈此情此景完全是冰火两重天。听到少女的真情表白，小沙弥毫不动情。他的耳边回响着师傅临行前“莫贪色声”的谆谆教诲，年轻的小沙弥内心坚如磐石，面对从天而降的爱情和如山的律令戒条，他决绝地拒绝了少女的求爱，选择了以死来捍卫信仰——自杀于少女家中。

一场突如其来的爱情之梦就这样戛然而止。

这个凄美的爱情故事被绘在敦煌莫高窟的壁画中。莫高窟第257窟南壁的《沙弥守戒自杀缘》是表现这一故事的代表作品。顺着画面，我们看到了沙弥受戒、外出收取布施，遇在家少女，少女示爱，沙弥自杀，少女向父亲哭诉缘由、其父向国王交纳罚金，火化供养沙弥等一连串的场景，完整展示了《贤愚经·沙弥守戒自杀品》的内容。列位看官，我在这里要说的是，艺术的感染力，就在于它有让欣赏者

莫高窟第 257 窟　南壁西侧　沙弥守戒自杀品之沙弥遇少女　北魏

产生情感共鸣的力量。既然一切的因缘皆由少女示爱引起，画面的高潮便集中在少女示爱的部分。画工的高超之处，就是把佛教禁欲的戒律进行了人性化的处理。画面中的少女，已不是那个经典中“淫欲火烧，于沙弥前，作诸妖媚，摇肩顾影，深现欲相”的谴责对象，呈现在我们面前的是一位情窦初开的花季少女，当她第一眼看到来访的沙弥是如此英俊年少，不由得春心荡漾，可是少女的羞涩，又不能直白地表达自己的爱意，她娇羞地低下头，轻轻地拉了拉少年的衣角，美好的爱情就在这一瞬间永远定格。“最是那一低头的温柔，像一朵水莲花不胜凉风的娇羞，道一声珍重，道一声珍重，那一声珍重里有甜蜜的忧愁——”没有什么语言能比徐志摩这首《沙扬娜拉》更能表达此情此景了。

佛教在其教义中褒扬的并不是如此美好的爱情，可是我们在此既不能谴责沙弥对信仰的忠贞，也不能谴责少女对爱情的向往。沙弥的行为令人敬仰，但我们又怎能忍心谴责一个16岁少女的真情表白呢？歌德说过：“哪个少女不怀春？哪个少男不钟情？”（《少年维特的烦恼》）佛是世间佛，情是世俗情，谁不会对这位少女的爱情给予同情的理解呢？

悲剧就是把美好的东西毁灭给人看。沙弥为了捍卫自己的信仰，以死来拒绝少女的爱情。少女的绝望和痛苦更是无法用语言来表达。古往今来，爱情虽然美好，得来却不容易，每一份爱情都弥足珍贵，值得珍惜。

与沙弥的自觉相比，难陀的出家更显得无奈。难陀是释迦牟尼同父异母的弟弟，他成家后和妻子孙陀利夫妻恩爱有加，生活幸福美满。一日，得道成佛的释迦牟尼来到难陀家门口化缘。正在屋里为妻子描眉化妆的难陀，听到兄长来至家门，赶忙前往迎接，一旁的妻子对难陀说："你出去看佛祖，不要耽搁太久，我额头上的妆没干之前就要回来啊。"难陀一边答应，一边出门迎接释迦，并接过哥哥手中的钵进屋盛饭来供养佛祖。可是，当难陀将盛饭的钵交给释迦时，释迦不接，交给释迦的弟子阿难时，阿难也不接，难陀只好端着钵跟随释迦回到他的住处。这一去，难陀从此再也没有回到那个温暖的家园——他在哥哥的逼迫下出家做了和尚，留下了翘首期盼的妻子独守空房。

难陀身虽出家，却心系娇妻。他想尽一切办法，试图逃离释迦，却被早有防范的佛祖加以阻止。佛见强行威逼之法无效，便用利诱攻心之策。他带着难陀上天堂，入地狱，遍历天堂的欢悦与地狱的恐怖。至此，除了放弃爱情，遁入空门，难陀已别无选择。

这是《杂宝藏经》卷八《佛弟难陀为佛所逼出家得道缘》所记的一个故事。

巧合的是，从印度到中国，难陀与孙陀利分别的情景，都是塑像或壁画中表现的主题。敦煌莫高窟第254窟主窟北壁的《难陀出家图》可谓经典之作。画面以释迦讲说难陀出家因缘为中心，在左右两侧下角对称地描绘了难陀与妻子孙陀利难以割舍的分别之情。左侧画

莫高窟第 254 窟　难陀出家缘品

莫高窟第 254 窟　难陀出家缘品

面描绘难陀站在家门口，知道此去便是夫妻相别之日，他一手搭在妻子肩头，一手握着爱妻的手臂，万般无奈，恋恋不舍，因为临行前妻子再三叮咛："你出去看佛祖，不要耽搁太久，我额头上的妆没干之前就要回来啊。"言犹在耳，人却要分离。妻子孙陀利更不忍面对这一切，她转过脸去，强忍泪水，不忍让丈夫看到自己的痛苦。右侧所绘，则着力于孙陀利，此意似为以往研究者未详审者。细读画面，我们注意到，与左侧相比，右侧恰好对称画出孙陀利一手搭在难陀肩上，一手拉着难陀手臂。此时的孙陀利，比难陀心情更加复杂，相亲相爱的人儿，为自己的兄长所逼，不得不离开自己，纵然有万般不舍，也无可奈何，纵然有千言万语，也不知从何说起，"执手相看泪眼，竟无语凝噎"，不思量，自难忘。君去后，谁为我描眉化妆？谁为我绾起长发？"此去经年，应是良辰美景虚设，便纵有千种风情，更与何人说？"柳永的词仿佛专为此而作。此时的孙陀利，内心是多么留恋和不舍啊！笔者臆测，画工唯在此突出孙陀利的不舍情，才能让人们体会难陀的留恋之意。画家的笔下，又一幕人间爱情悲剧在莫高窟上演了。

话分两头。隋代著名僧人吉藏在其所著《法华经游意》里，批评佛教是"逼引之教"，想来有几分道理。佛教在创立之初，它的发展并非一帆风顺。鹿野苑初转法轮，追随者也只有侨陈如等五人，于是释迦回到迦毗罗卫国，首先在家族中发展信徒，难陀自然是其发展的对象。尽管难陀有一百个不愿意，也经不住兄长的威逼利诱。即便如此，难陀身在曹营心在汉，一面放不下家中的娇妻，一面与佛陀的反对者来往。“难陀虽被世尊作如是等方便教化，犹故不乐行于梵行，乃共六群诸比丘等，以为朋党，数至彼边，语言论说，从晨到夜，唯论邪命诸恶等事。”（《佛本行集经》）这正是佛所担心的。无论如何，都要说服难陀皈依佛门，而最终的结果也如佛所愿。

难陀为佛所逼，无可奈何地出家了，他的周围是每天诱导他修习佛法的释迦及其门徒，他的内心惦记的是家中的娇妻。英雄气短，儿女情长，身为王子的难陀，除了仰天长啸，还能如何呢？当年，项羽在乌江边，演绎了一场悲壮的“霸王别姬”。“人世间有百媚千红，我独爱爱你那一种。伤心处，别时路，有谁不同。多少年恩爱匆匆葬送。我心中你最重，悲欢共，生死同。你用柔情刻骨，换我豪情天纵。我心中你最重，我的泪向天冲。来世也当称雄，归去斜阳正浓。”（歌曲《霸王别姬》歌词）难陀的心境，何尝不是如此呢！

《四十二章经》引佛言：“人系于妻子舍宅，甚于牢狱，牢狱有散释之期，妻子无远离之念。”迷恋家庭妻子，无异于“投泥自溺”，真正的是凡夫所为。所以，断欲出家，守戒修行是成佛的正道。莫高窟第254窟《难陀出家图》所要表达的也正是这一佛理，并非高扬爱情的旗帜。然而正如佛陀自己所言：“我非是不知世间五欲之乐。”就在出家前夜，“太子为欲安恤慰喻耶输陀故，以五欲乐，共相娱乐，更同睡眠。”“太子妃耶输陀罗，即于是夜便觉有娠”（《佛本行集经》卷十六《耶输陀罗梦品》下）。佛亦如此，何况世俗之人呢，或许这就是当初画工的世俗之心。

二

情到深处情更浓。爱，给人以烦恼和痛苦，也给人以欢乐和幸福。如前所言，释迦出家前夜，妻子耶输陀罗怀孕；六年后，在释迦成佛的当夜，耶输陀罗生下儿子罗睺罗。如此离奇的事件，令人们对罗睺罗是否为佛亲生的问题产怀疑。耶输陀罗为证自己清白，在释迦证得佛道，返回故园迦毗罗卫国的时候，当面向其验证。耶输陀罗让7岁的儿子在佛钵中盛满“百味欢喜丸”，送到至佛前。佛以神力变出五百阿罗汉，每个罗汉都与佛长得一模一样，借此迷惑罗睺罗。罗睺罗在众佛中径直走向释迦，奉上佛钵，此时五百罗汉消失，唯有佛钵中盛满欢喜丸。血缘亲情，一验就准，罗睺罗在众佛中准确地认出自己从未谋面的父亲，为耶输陀罗讨回了公道，证明了清白。其实，释迦的父亲净饭王、另一位妻子瞿毗耶（裘姨）早已坚信罗睺罗即释迦之子，释迦不仅当众认了罗睺罗，而且回答了耶输陀罗质问怀孕六年，为何不生的缘由。

一家人再度团聚，耶输陀罗既高兴又担忧。经过几年的历练，释迦变得更加成熟和睿智，“如此好人，世所稀有。我得遭遇，而今永失。”（《大智度论》卷十七《释初品》）面对失而复得的丈夫，耶输陀罗唯恐释迦再度离开，他决心想出一切办法留住这个优秀的男人。不仅自己请佛入宫，而且动员自己的公公净饭王多次请佛入宫，一起吃饭，制造见面机会。她还接受一位梵志的建议，用药草制成“百味欢喜丸”，放进佛的钵中，期待佛吃过之后，回心转意，欢娱如初。奈何此时释迦已心无挂碍，内心澄静，耶输陀罗的药对释迦而言，已无任何效力，回家的念头早已荡然无存。有道是“金风玉露一相逢，便胜却人间无数”，耶输陀罗珍惜每一次与丈夫相见的机会，却怎么也不明白，自己的丈夫会变得如此没有人情，妻子儿女对他来说早已成为身外之物，没有什么可留恋的了。面对妻子的不解，释迦佛不得不以前世因缘来为自己开脱。

释迦的前身原为波罗奈国的一位独角仙人。一日天降大雨，行走在山间的仙人不慎扭伤了自己的脚，仙人一时激愤，诅咒波罗奈国十二年不得下雨。仙人的诅咒很快应验。面对突然到来的灾难，看着干枯的土地，国王忧心如焚，他晓谕全国，凡能让仙人失去神通，天降大雨，可以分其一半国土。随即，有一位名叫扇陀的美女自告奋勇，前来应募，并告知国王，她不但能降服仙人，而且将骑在仙人脖子上回来。得到国王的许可后，这位扇陀美女招聘了五百美女，用五百鹿车，载着美酒瓜果，带着用草药制作的所谓“欢喜丸”（为此，还伪装了一番“以彩画令似杂果”），“服树皮，衣草衣，行林树间，以像仙人。于仙人庵边，作草奄而住。”（《大智度论》卷第十七《释初品》）仙人对来到林间的美女邻居极为欢迎，很快和这些美女打成一片，最终经不住扇陀的诱惑，上了扇陀的床。从此神通皆失，天降大雨。快乐的生活非常短暂，七天七夜之后，酒食皆尽，再上来的水果，味道大不如前，扇陀告诉仙人，要想得到更好的美味，只有和她一起去离城不远的地方，才能吃到。仙人于是随扇陀一路前行，走到半路，扇陀再施迷术，娇喘微微，佯装疲惫，仙人为博得美女欢心，让扇陀骑在自己的脖子上，向城中走去。至此，仙人已深陷男女之情，一切任由扇陀摆布了。这段经历，佛经中有更为详细的记载。最终的结局是仙人幡然醒悟，重归山林，精进修行，最终恢复神通。此中的主角，便是释迦与耶输陀罗的前生。

莫高窟第428窟东壁门南《独角仙人本生图》即绘了其中耶输陀让儿子罗睺罗送欢喜丸给自己的佛陀父亲及扇陀骑在仙人脖子上行走山间两个画面。常言说，恋爱中的男女总是变得很傻，这是因为爱情的欢娱让人忘记了一切。扇陀前来应募时，“问诸人言：此是人非人？众人言，是人耳！仙人所生。淫女言：若是人者，我能坏之。”这位美女太了解人类的天性和男人的弱点了，她略施小计，就让一位得道仙人失去法力，拜倒在自己的石榴裙下。连佛陀都不得不承认“以是之故，知细软触法，能动仙人，何况愚夫”？所以佛陀强调“众生常为五欲所恼而犹求之不已”（五欲：色、声、香、味、触）。高明的画家就这样把爱情的欢娱画进石窟壁画中，让信仰者自己去感悟吧!

更巧的是，莫高窟第428窟东壁门南同时还绘有一幅据《法句譬喻经·生死品》所绘的“梵志夫妇摘花堕命因缘”，让我们领略了一场田园诗般的爱情。

在舍卫国佛陀居住的祇园精舍道旁，住着一位富有的梵志。梵志

莫高窟第 428 窟东壁　鹿角仙人本生图　北周

莫高窟第 428 窟　东壁门南北侧　梵志夫妇摘花堕命因缘　北周

家中有一个美丽花园，还为刚满二十岁的儿子娶了新媳妇。一个阳光明媚的春日，这对新婚夫妇来到自家花园中散步，一棵高大的树上，鲜花怒放，正可谓“东风随春归，发我枝上花”（李白《落日忆山中》），此情此景，引得妻子春心荡漾，她娇羞地告诉丈夫，希望得到树上一枝花。对妻子这个小小的要求，丈夫毫不犹豫，他爬到树上，为妻子摘了第一朵花。这是多么美好的一幅田园爱情图画啊！良辰美景，又有哪个人不动心呢？遗憾的是，这位新郎官兴奋之余，忘了安全防范。当他踩着树枝想摘另一朵花的时候，怎料树枝太细，不堪承重，人从树上摔下，不幸身亡，美好的爱情，瞬间消失。故事的结局，我们暂且不表，单说敦煌石窟中的这幅画作。画家只取了丈夫在树上摘花，妻子在树下接花这一生活小景，就让我们看到了完美的爱情和幸福的婚姻。画家并未按佛经原意，刻意描绘丈夫坠亡的场景及其中的因缘，或许这个没有结局的结局，更让我们珍惜身边的爱人，呵护美好的爱情。

这样的镜头，也出现在莫高窟第 257 窟西壁的《九色鹿本生》故事中。王后一只胳膊靠在国王肩上，另一只胳膊放在自己的膝盖上，一只赤裸的脚从长裙下露出，神态娇媚，向国王述说着梦见九色鹿的情况，央求国王下令在全国搜寻九色鹿。那位深爱着王后的国王，竟然对王后的话言听计从。如果不是画工把此情节画在敦煌壁画中，我们真是无法看到千余年前的夫妻是如何大秀恩爱的。更令人称奇的是，这位国王竟然上演一幕爱美人不爱江山的话剧，公开表示，若能找到九色鹿皮毛，可将一半江山让与对方。千年之后，英国国王爱德华八世为了与辛普森夫人成就百年之好，放弃了王位，自愿做一个“温莎公爵”，一时传为佳话。殊不知，敦煌壁画中的国王，已为我们定格了爱美人不爱江山的画面，或许是描摹这一题材的始作俑者呢。

三

如果说莫高窟北朝壁画中有关爱情的题材，其结局都充满了悲剧色彩的话，那么，莫高窟第85窟晚唐壁画中的《树下弹筝》图，则为我们展示了爱情的完美与幸福。

古印度波罗柰国太子善友与其弟恶友入大海之中求得摩尼宝珠后，被心术不正的弟弟恶友刺瞎了双眼，流落利师跋国，为国王看管果园。善友太子弹得一手好筝，佛经上说：“善友善巧弹筝，其音和雅，悦可众心。”（《大方便佛报恩经·恶友品》）善友一边看管果园，一边弹筝自娱。一日，利师跋国公主来到果园，或许是天遂人愿，因缘和合，徜徉在皇家果园中的公主，听到园中的音乐，并顺着声音来到善友太子面前，看到了这位正在弹筝的盲人。之前，善友太子流落街头，以弹筝卖艺为生，得到很多人的资助，还为利师跋国的五百位乞儿解决了吃饭问题。可是曲高和寡，芸芸众生除了感谢善友给予他们温饱之外，没有人能够明白善友的弦外之音。而今，聪慧贤淑的公主一见到树下弹筝的善友，一听到善友手指间流淌出来的音乐，她的心再也按捺不住了，“十指生秋水，数声弹夕阳。不知君此曲，曾断

莫高窟第 85 窟南壁　树下弹筝

几人肠。”（南宋·白玉蟾《听琴》）这是怎样的声音呢？此刻，也只有她才真正听懂了、明白了眼前这位盲人的情怀，她的心灵在震颤、在激荡，她不知道眼前这个男子就是父母早已为他选定的未来夫婿，但她知道眼前这位盲人绝非等闲之辈，也明白他对自己今后人生的意义。心心相印，心灵相通，公主毫不犹豫，向善友表白了爱情，不顾一切地要嫁给他，甚至是父王的坚决反对。高山流水，知音难觅，在古老中国的战国时期，俞伯牙鼓琴，也只有钟子期听得明白，“知我者谓我心忧，不知我者谓我何求”，人生一世得一知己足矣，又复何憾！公主最终得到了她想要的爱情，收获了她想得到的幸福。因此，画家才选取了“树下弹筝”这一特定情节，为我们展示了一段美好的爱情故事。

“问世间，情是何物，直教生死相许？”当年，16 岁的少年元好问赶考途中，在太原汾河边，见一对殉情的大雁，收而葬之，取名“雁丘”，并写下此千古名句，纪念这一对爱侣的亡灵。是啊，从《诗经》中的“死生契阔，与子成说。执子之手，与子偕老”，到敦煌曲子词的“枕前发尽千般愿，要休且待青山烂。水面上秤锤浮，直待黄河彻底枯。白日参辰现，北斗回南面，休即未能休，且待三更见日头”（《菩萨蛮》）。自古至今，是什么令人向往，令人追寻，令人为之生死，恐怕只有“爱情”这个词了。突然想起，2011 年 4 月 29 日，全世界共同见证了威廉王子与凯特女士童话般的婚礼。新郎新娘面对神圣的《圣经》，庄严宣誓：“从今以后，不论好坏，不论贫富，不论健康或是疾病，爱你并珍惜你，直到死亡将我们分开。在上帝面前，我向你发誓。”这让我想起两千多年前汉乐府民歌中那感天动地的婚誓：“上邪！我欲与君相知，长命无绝衰！山无棱，江水为竭，冬雷阵阵，夏雨雪，天地合，乃敢与君绝。”爱情的誓言，不分贵贱，超越时空，没有国界，只有永恒。“生命诚可贵，爱情价更高”，爱情这一人间至真至美的感情，无论带给我们欢愉，还是带给我们痛苦，都值得我们用生命去守护。

佛教虽然教人“断欲去爱”，不要执着感情，但佛教也承认人是有情众生，既为有情众生，便有有情之缘。滚滚红尘，你我皆为俗人，爱情如此来之不易，还是让我们好好珍惜吧！

神坛之外：敦煌壁画处处都是“萌萌哒”

《弥勒下生经》里说，生于婆罗门家庭的弥勒，拜释迦牟尼为师。释迦入涅槃时，为弥勒授记，预言弥勒之后，将上升兜率天宫，并于五十六亿年后，下生阎浮提世界为佛，度脱人天。后弥勒下生人间，在龙华树下得道成佛，国王、王妃、太子、大臣等随弥勒剃度出家。在敦煌石窟壁画《弥勒经变》中就出现了反映剃度出家的画面。这幅《净齿图》源自莫高窟第159窟南壁《弥勒经变》，画面中一个剃度后的僧人裸露上身，脖间围巾，右手执“齿木”净齿，左手握盛水的净瓶，旁边一人手执长巾准备递给僧人。佛教将净齿用的器物称为齿木，齿木的原料，我国佛经中多称为“杨枝”，唐义净法师在其著《南海寄归内法传》卷一“朝嚼齿木”中认为“佛齿木树实非杨柳”，又指出净齿所用齿木“近山庄者，则柞条葛蔓为先处平筹者，乃楮桃

敦煌莫高窟第 159 窟　南壁东侧　弥勒变之净齿图　中唐

孙志军　摄

槐柳随意”，说明用于齿木的原料品种很多。笔者 2016 年 3 月在印度考察时，于瓦腊纳西的恒河边看到了卖齿木的印度民众，请教印度导游，被告之为“椋木枝”，不知是否可信。齿木一般或圆或扁，长不超过 12 指，短的 8 指（手指并列的宽度），净齿于每日早晨、饭后进行，用时一端放入口中慢慢嚼成纤维状、绒絮状，然后用之揩刷牙齿，净齿之后还可以用齿木刮舌头。齿木为一次性使用，用过即可丢弃，但是佛家规定必须要将齿木上的唾渍弹净，弃之屏处。据佛经记载，佛陀在宣讲佛法时，有比丘口出臭气，佛陀令其嚼齿木，佛陀还解释了嚼齿木净齿的好处：一者能除黄热，二者能去痰癃，三者口无臭气，四者能餐饮食，五者眼目明净。

由于佛陀的教化，诸比丘遂将晨嚼齿木作为日常生活的行为规范，在敦煌壁画中也就有了净齿的画面出现，可见此种净齿风俗很可能是伴随着佛法的东渐、僧人的西来逐渐传到敦煌乃至中原内地的，小小齿木里面竟然隐藏着中国与印度间的文化交流。在敦煌石窟壁画中，有多幅净齿图，而这幅绘于中唐时期的《净齿图》，以形象的方式记录了古人的卫生习惯，谁能说讲究卫生、清洁牙齿是现代文明的专利呢？

古印度舍卫国波斯匿王身边有一位大臣名叫须达，在去王舍城为自己小儿子求婚时，于大臣护弥的家里，意外地见到了佛祖释迦牟尼，聆听佛法，如饮甘霖，茅塞顿开。须达恭敬地邀请释迦光临舍卫城说法，并答应为佛祖建造精舍。释迦答应了须达的请求，并派遣弟子舍利弗随须达一同办理此事。须达与舍利弗回到舍卫城，用黄金铺地的代价买下了祇陀太子的花园，准备给佛祖建造精舍。六师外道听说后，向波斯国王请求允许他们与佛教徒进行斗法，谁胜利了谁就拥有这座花园。国王同意后，外道推劳度叉出面，佛陀派舍利弗应约。双方经过激烈斗法，劳度叉最终失败，六师外道因此皈依佛门。

敦煌壁画中的《劳度叉斗圣变》主要依据《贤愚经·须达起精舍品》而绘。展现在大家面前的这幅画面，位于莫高窟第196窟。其所表现的内容是劳度叉与舍利弗正在斗法，劳度叉以衣着华丽的外道魔女，搔首弄姿，诱惑舍利弗，舍利弗以神力刮起大风，狂风吹来，外道女裙袍乱飞，花容失色，瑟缩战栗，窘态百出。画工敏锐地抓住了外道女衣裙被风吹起的瞬间，把每个人的不同姿态刻画得细致入微。仔细观察画面，我们还可以看到，画面本意在于着力丑化外道魔女，但所有女子面容姣好，身材婀娜，头梳高髻，着长袖花衫，腰束彩裙，这是那个时代最时髦的打扮。如果我们暂且抛开宗教观念，即以今人眼光观之，这几位女子的穿着打扮仍不失现代气息。

佛教在中国化的过程中，不断与传统的伦理观念相融合，形成了具有中国特色的佛教伦理观念，其中最重要的，就是“孝道”思想。中国佛教僧人还仿造《父母恩重经》，教育人们懂得父母养育之恩，报答父母养育之恩。敦煌文献P.2418《父母恩重经讲经文》，是依据中国古人伪造的佛经《父母恩重经》而演义的讲经文，该讲经文细致描绘了孩子从出生到长大成人，父母养育的艰辛。敦煌石窟壁画中也

莫高窟第 196 窟　西壁北侧　劳度叉斗圣变中的妇女服饰　晚唐

孙志军　摄

莫高窟第 156 窟　前室顶中部　降魔变中的婴儿车　晚唐

孙志军　摄

出现了依《父母恩重经》而绘制的《父母恩重经变》，其中最令人瞩目的是莫高窟第156窟前室东壁门北所绘的婴儿车。为了表达经文中父母育儿的艰辛，画工特意绘制了婴儿安卧手推童车这一情节。画面中，一位母亲手推四轮童车，一婴儿安卧车中，两条安全带拦过车身，以防止婴儿不慎爬出车外。画面中的童车，造型与我们现代生活中的童车极为相似，看到它，我们就会立刻产生穿越时空的感觉。

这种儿童车，在唐代被称为“栏车”。甘肃博物馆所藏绢画《报父母恩重经变》中，有两幅在童车旁边的榜题，分别为“父母养育卧在栏车时”“或在栏车摇头弄脑时”，榜题中明确写明为“栏车”，可见是当时通用的名称。在莫高窟第449窟东壁门北、第170窟北壁的《父母恩重经变》图中，我们也看到了类似的“栏车”。栏车相拥，是古代儿童幼年生活的一个真实细节。

尽管画面意在强调父母育儿的艰辛，但我们还是通过这一画面，了解到唐宋间儿童的生活环境和成长环境。敦煌石窟不同内容的壁画中，有多幅表现孝道内容的画面，而最直白的，莫过于《父母恩重经变》。莫高窟现存《父母恩重经变》4铺，分别绘于第156、170、238、449窟，时间上大致从晚唐到北宋。这些壁画虽则意在强调父母养育子女的艰辛，却也使我们不仅了解到唐宋间对婴儿车的称呼，也对父母亲情下的儿童生活细节有了更直观的了解。

现代人常常会对自己出生所对应的星座感兴趣，总希望自己所属的星座给自己带来幸运，殊不知早在千余年前的莫高窟壁画里，我们所期盼的，就已出现。

莫高窟第61窟是敦煌归义军统治时期，节度使曹元忠（约946—976年在位）主持开凿的一个大型洞窟，因窟主尊供奉文殊菩萨，俗称“文殊堂”。洞窟的甬道为后代重修，重修的时代是西夏还是元代，由于无确切的文献资料，学术界还存有争议。61窟甬道两壁所绘，为炽盛光佛经变。南北两壁，所画内容大体相同，画面中央为炽盛光佛端坐于车上，周围有九曜星神簇拥，上部彩云间绘二十八宿神像，四人一组，双手持笏，文官形象，行走在云间，中间穿插绘黄道十二宫。炽盛光佛经变在莫高窟内仅此一铺，最为独特。

《佛说大威德金轮佛顶炽盛光如来消除一切灾难陀罗尼经》云：“尔时释迦牟尼佛，住净居天宫，告文殊师利菩萨摩诃萨，及诸四众八部，游空大天九执七曜、十二宫神、二十八星日月诸宿……若有国王大臣及诸眷属一切庶民，或被五星罗睺、计都、彗孛怪恶诸宿，陵逼帝座于国于家并分野处所属宫宿，灾难竞起；或土星侵陵或进或退，及宿世冤家欲相谋害，诸恶横事口舌厌祷咒诅符书以为灾难，令诸众生依法受持，一切灾祸不能为害，变灾为福皆得吉祥。”《佛说大威德金轮佛顶炽盛光如来消除一切灾难陀罗尼经》属佛教密宗经典，有唐不空译本。陀罗尼汉译为总持，谓总摄一切诸法，执持无上妙意。由此经可知唐宋以来，密宗炽盛光陀罗尼信仰非常流行，人们认为持颂此经咒可以禳除灾星恶曜，故非常崇信炽盛光佛，产生大量炽盛光题材的壁画、绘画作品。

敦煌莫高窟第 61 窟　十二星宿

孙志军　摄

在了解炽光佛经变出现的经典背景之后，我们即可明白为什么会在壁画中出现如此之多的星座。二十八星宿是古代中国天文学家为观测日、月、五星运行而划分的二十八个星区，用来说明日、月、五星运行所到的位置。古代中国人普遍认为星空的变化，关系着地上人们的吉凶祸福，认为人事变迁、灾害和天气，都可从天象得到预兆。而九曜这一源于印度的星神，因具有同样的功能，传入中国后被用于历法和民间咒术当中。九曜，或称九执，包括火、水、木、金、土五星加日、月为七曜，再加罗睺、计都，合为九曜。印度历法以九星配日，而定其日之吉凶。唐开元年间传入我国，称“九执历”。太阳、太阴、金、木、水、火、土及计都、罗睺九位星君，他们主宰人间的吉凶祸福，因此受到人们的信仰与崇拜。九星配日法曾为我国历法所采用，后来未再继续使用。

黄道十二宫起源于古巴比伦，经过古巴比伦人、埃及人和亚述人共同发展完成。最初称为月道，一共有十八个星座，约最迟在公元前5世纪逐渐演变成十二宫，后传入希腊并随亚历山大帝国的扩张，在欧亚大陆流传。约在公元400年时传入印度，与当地天文学融为一体，后被密教吸收形成以《宿曜经》为代表的星占术。十二宫各有分掌之事物以判吉凶。莫高窟第61窟甬道南北两铺《炽盛光佛图》均在上部画出十二宫，每一宫画一圆圈，在圆内画出代表此宫的形象。南壁现存九座，从东至西为：金牛宫、室女宫（画二女子）、白羊宫、摩羯宫、天秤宫、双子宫、巨蟹宫、天蝎宫、双鱼宫；北壁存九座，从西至东为：狮子宫、宝瓶宫、金牛宫、人马宫（画一人赶一匹马）、摩羯宫、室女宫、天秤宫，天蝎宫、白羊宫。南北两壁合起来，十二宫中每一宫都有了。

莫高窟第61窟甬道炽盛光佛经变，不仅让我们了解了佛教知识、古代天文历法知识，知道了中印文化交流的一个侧面，而且它还承载着人们对自身命运的期盼与希冀。仅此一处，就让我们领略了敦煌石窟艺术的博大精深。

假如有一天，您去莫高窟参观，一定要找找您属于哪一个星座噢。

六祖惠能大师在五祖弘忍大师处得到衣钵后，来到广州法性寺，正赶上有位印宗禅师开讲《涅槃经》，于是惠能大师决定在法性寺停留数日，以便听闻法师讲经。这天，寺前因为法师讲经而竖起了幡旗。由于印宗禅师远近驰名，因此大批的人从各地涌到法性寺。其中有两位和尚见到广场中飘扬的幡旗，便开始议论起来。一人说：“是幡动。”另一个人则说：“不，是风动。”结果两人就此争论不休，而引人驻足围观。惠能见此，即言道：“不是幡动，也不是风动，是你们二位心在动。”这是《六祖坛经·行由品第一》记载的一个著名故事。它通过这一故事，通俗地言明了中国佛教禅宗的基本理念，也是对《六祖坛经》中所提及《楞伽经》主旨的通俗解读。

《楞伽经》是佛教禅宗和法相宗依据的主要经典之一。据说禅宗初祖菩提达摩所传禅法即以《楞伽经》为宗旨，并传授弟子慧可云：

"我观汉地，唯有此经，仁者依行，自得度也。"在慧可及其门徒的努力下，逐渐形成了一批以研习《楞伽经》为业的"楞伽师"，成为禅宗先驱。《楞伽经》目前传世的主要有三个汉译本，其一为南朝宋元嘉二十年（443年）求那跋陀罗译本，全名为《楞伽阿跋多罗宝经》，共四卷一品，故又称"四卷楞伽"。其二为北魏延昌时（512年—515年）菩提流支译本，名《入楞伽经》，共十卷十八品，称"十卷楞伽"，其三为唐朝武周长安四年（704年）实叉难陀译本，名《大乘入楞伽经》，共七卷十品，是为"七卷楞伽"。敦煌藏经洞出土的佛教文献中，三译本都有保存，而以七卷本《楞伽经》为多，说明当时七卷本比较流行。敦煌石窟壁画中的《楞伽经变》，主要也是依据七卷本所绘。

经变画是佛教传入中国后，由中国人独创的绘画形式。经变画变或变相，专指将某一部乃至几部有关佛经之主要内容组织成首尾完整、主次分明的大画。经变画在南朝时期出现，入唐以后逐渐成为佛教绘画的主要形式。根据《楞伽经》所绘的经变，据学者研究，唯一的文字记载是《六祖坛经》。据敦煌藏经洞出土文献中的《六祖坛经》，其中讲到五祖弘忍于龙朔元年（661年）邀请画师卢玲（今本作"珍"）至黄梅县（今湖北黄梅县）冯墓山（今本作"冯茂山"）禅寺，准备画"楞伽经变，并画五祖大师传授衣钵，流行后代为记"。卢玲到后，在现场看好寺壁，准备第二天动笔。可是就在当天夜里，弘忍非常赞赏的弟子神秀在拟画楞伽经变的墙壁上写下"身是菩提树，心如明镜台，时时勤拂拭，莫使有尘埃”的偈语，从而引发了禅宗史上“顿悟”与“渐悟”之争，绘画之事也因此作罢。至于唐代两京寺院中是否绘有楞伽经变，史无明文。敦煌莫高窟现存中唐到北宋时期的《楞伽经变》12 铺，是目前仅存的古代楞伽经变。

《楞伽经》的主旨在于宣扬“三界唯心，万法唯识”的思想。为了让更多人了解楞伽奥义，《楞伽经》中运用了许多形象的比喻来解释其思想。学者统计，莫高窟壁画中的比喻画就有 17 种。莫高窟第 61 窟主室南壁《楞伽经变》左下侧壁画，画面中绘一世俗男子，身穿红袍，站在镜前照镜，上部白地墨书榜题：“愚夫起妄想，如像镜中安，不见心时犹幻。”这是比喻客观事物犹如镜中之像，幻而非真，一切皆由人们的妄想而生，而非客观事物本身。我们知道，佛教壁画是以视觉方式宣扬佛教内容的一种手段，为了让普通民众也能更好地理解佛经内容，在壁画中采用了许多现实生活的画面来解释佛教教义。本画面就是画工紧紧抓住人男子照镜的一瞬间，向人们传达《楞伽经》的思想内容，告诫人们不要妄想执着，把握今天，活在当下，不也是一种正确的人生态度吗？

《六祖坛经》记载，六祖惠能出家之前，以卖柴为生，一次在卖柴回来的路上，听一客人诵读《金刚经》，“心便开悟”。惠能在得五祖弘忍亲传的衣钵后，更推崇《金刚经》为最“上乘法”。从国家层面上讲，唐玄宗曾亲注儒释道三教经典，佛教方面所选经典即为《金刚经》，这又进一步提高了它的地位。因此，惠能以后，《金刚经》

成为禅宗主要经典。为了宣扬《金刚经》的好处，《金刚经》中讲到受持、诵读该经，所得福报胜过一切供养。如经文中说："受持诵读此经，若为人轻贱，是人先世罪业，应堕恶道，以今世人轻贱故，先世罪业则为消灭，当得阿耨多罗三藐三菩提。"莫高窟第154窟东壁《金刚经变》中，绘一男子正在树下方几上诵读《金刚经》，突然遭到二人毒打，其中一人手持棍子，一人手拿砖块，冲向读经人。这画面所表现的，就是上述内容，通过此画面，向世人说明，今生所遭别人轻贱，乃是前世作孽所致，若受持、诵读《金刚经》，今生所受轻贱，便可消除前世罪孽，得成佛道。敦煌石窟艺术的魅力就在于此，仅此生活当中的一个小景，就让我们了解了什么是唐宋社会生活中的"拍砖"行为。博大精深的敦煌石窟艺术，于此可见一斑。

敦煌石窟壁画中的服饰图像，已经越来越引起人们的重视了，如果我们将其整理成文，足可成为一部中古服饰史。如果稍加留意，我们还不难发现其中浓郁的现代气息。

瓜州县东千佛洞第2窟坐西向东，中心塔柱东向面龛内存清塑3尊，南北向面各画菩提树观音立像一幅。这两幅观音像是表现密教中，观音"甘露施饿鬼""七宝施贫儿"的内容。画面上这尊菩萨，上身着绿色短袖紧身衣，下裹贴体短裙（dhoti），上衣与下裙之间露出结实的小腹，脚穿网格花纹彩色长腿袜，另有耳珰、臂钏、腕钏、长短项圈等庄严全身。一手上举，攀扶树枝，一手施予愿印。专家认为从风格来看，尽管依傍的树、云霭形象是敦煌传统的汉地样式，但

敦煌莫高窟第 154 窟
诵读《金刚经》
孙志军　摄

瓜州东千佛洞第 2 窟
菩提树菩萨(拼接)　西夏
孙志军　摄

敦煌莫高窟第 5 窟　东壁南端下部
孙清忽供养像全身　五代
孙志军　摄

敦煌莫高窟第 244 窟　童子

孙志军　摄

敦煌莫高窟第 398 窟西龛内北下　童子

孙志军　摄

从菩萨像中的楔形叶冠、冠两侧的小花、轮状耳铛、臂钏、微闭的眼形、贴体短裙及掌心施色等来看，无疑透露出印度波罗艺术的特点。这样的服装，即使今天看来也很时尚，看看当今夏日的城市大街小巷，我们随时都可以找到这种风格的影子。

至于莫高窟第5窟的这件妇女裙袍，因为年代久远，壁画颜色脱落，我们现在看到的只有土红色方格，看不到当初的艳丽色彩了。不过，现存的这身服饰，倒使这位妇女的着装别具一格，我们姑且称为“另类”的时装吧。

如果大家看到图示中这几位的着装，一定会哑然失笑，其实，这就是我国古代普通劳动者所用的内裤——“犊鼻裈”。我国古代的裤子有两大类，一种叫做“袴”或“绔”，是长裤；另一种叫“裈”，是短裤。一般认为裈即是古代的内裤，有裆，分两种：一种即“犊鼻裈”，有点类似现代的三角内裤；一种略为宽大，有两条明显的裤管，裤长齐膝。裈既属内衣，少有人会直接把裈暴露于外，但敦煌石窟壁画中，或因褪色的原因，一些外道、飞天、化生童子图像中的“犊鼻裈”赫然暴露于外，让我们清晰地看到古代的内裤形象，倒也不失为意外的收获。

游人题记里的社会众相※

——以清代以来敦煌石窟游人题记为中心

中国古代的文人雅士，往往在诗兴大发时，就会题写诗句，遇到什么就在什么上面题写。题壁诗画，是他们最喜欢的方式。尤其是那些因各种原因，行走在旅途中的文人，或因旅途鞍马劳顿需要稍事休憩，或因雨雪阻行稍做滞留，逗留徘徊间，有感而发，就会题诗作画，成为文学史上的佳话。“横看成岭侧成峰，远近高低各不同。不识庐山真面目，只缘身在此山中。”苏东坡《题西林壁》几乎成了家喻户晓的诗篇。可见，题壁文字，绝不是随意涂鸦，而是随感而发，随情而出，真情流露，尽管留传于今的都属雪泥鸿爪，却也折射着浓浓的历史文化气息。

※本文为国家社科基金项目“敦煌石窟历代游人题记调查整理与研究(18XKG008)”阶段性成果。

然而，也正是因为文人雅士的推波助澜，由于传世文献记载的偏颇和遗漏，使得人们总感觉题壁诗画仿佛是文人雅士的专利。事实上，题壁一类的事，不仅仅限于文人那个小圈子，敦煌石窟游人题记就表明，社会各个阶层的人，尽管表达的愿望和诉求各有不同，却都会在洞窟内留下文字题记。这些题记或可佐证过去的诸多岁月里，那些不曾留下印记的社会生活，在更广阔的层面上，为我们打开了一扇观察古今社会的窗户。

大约自晚唐以来，作为佛教圣地的莫高窟及周边其他石窟，不断吸引着信徒和游人礼拜、参观。在以后的历史长河中，各地各类游人在包括莫高窟在内的敦煌石窟中，留下了大量的题记，这些题记以汉文居多，也包括诸多少数民族文字。近年来，随着敦煌学研究领域的不断拓展，敦煌石窟游人题记的价值意义开始受到学术界重视，但研究者所据材料，主要依据法国学者伯希和所著《伯希和敦煌石窟笔记》兰州：甘肃人民出版社，1993 年)，敦煌研究院编《敦煌莫高窟供养人题记》（北京：文物出版社，1986 年)，徐自强、张永强、陈晶编著《敦煌莫高窟题记汇编》（北京：文物出版社，2014 年）及 20 世纪四五十年代史岩、谢稚柳先生调查笔记中所记的若干游人题记（史岩：《敦煌石室画像题识》，比较文化研究所、敦煌艺术研究所、华西大学博物馆，1947 年)；谢稚柳《敦煌艺术叙录》（上海：上海古典文学出版社，1957 年，上海古籍出版社，1996 年重版影印)，等等。这些著述中所收录的游人题记不过数百条，远非敦煌石窟游人题记全貌，即便是《敦煌莫高窟供养人题记》这样权威的著述，其著录的重点是石窟壁画中的供养人题记，间及游人题记，且上述所有著录者对民国以来特别是1949年新中国成立以来的游人题记几乎未曾关注。也是机缘巧合，近年来，笔者参与了同仁李国先生主持的国家社科基金项目“敦煌石窟历代游人题记调查整理与研究（18XKG008）”，对敦煌莫高窟、西千佛洞及瓜州榆林窟在内的敦煌石窟游人题记进行了系统调查，深感有必要对敦煌石窟游人题记进行系统而详尽的介绍，现拣出清代以来的若干条目，并稍事梳理，以期与大家共同分享游人题记带给我们的丰富内涵。

如前所言，从我们调查的情况来看，目前已公布的敦煌石窟游人题记，仅仅是敦煌石窟现存游人题记的一小部分，大量的游人题记由于没有调查、辑录和刊布，而不为外界所知，从根本上影响了我们对游人题记价值的认识。事实上敦煌石窟历代游人题记远非学者所估计的数百条，而达数千条之多，时代自晚唐至现代，最晚者为2002年(莫高窟第148窟甬道北壁)，跨越千年。如此众多的游人题记，作为一种特殊的历史文献，其价值意义自不待言。

在此需要说明的是，我们所说的敦煌石窟，包括敦煌莫高窟、西千佛洞，瓜州榆林窟、东千佛洞，肃北五个庙等在内的石窟群。因此，我们所说的敦煌石窟游人题记，就包括上述石窟，这是需要向读者诸君交代的。敦煌石窟游人题记，以清代以来为多。就地域范围而言，若以今日行政区划为标准，则涵盖新疆、甘肃、宁夏、青海、陕西、山西、湖北等全国诸多省份，而以甘肃本土人员为多，甚至有俄罗斯、日本等国人的题记。仅榆林 6 窟就有甘肃沙州、瓜州、酒泉、玉门、高台、武威、文县（1976 年）、天水等地及陕西、山西（平阳府襄陵县）、湖北（楚北圻水）等地游人所写题记。游客则包括普通民众、一般文人、中下层官吏及军将、佛教僧侣、游方道士、各类工匠、往来商旅等，此仅列几则题记，便可窥见一斑。

莫高窟第 176 窟主室南壁西侧塑像后题记：

大清康熙五十五年十一月初十日奉

旨在沙州及色尔藤驻防甘肃马营墩堡把总加一级邓洪印本堡通士王宫兵丁邵辉学吕朝鼎　书吏杜廷玺侄子邓攀顺　等

率领长子国子监太学邓攀龙

杨勇

甘州前营外委雷振海领旗郝元魁兵丁祁秀等

张重林

中营领旗张美兵丁范兴中火伏陶秀等

右营管队毛继位兵丁杨春黄朝张素魁等

永固营外委高惠关应学程禄等

大马营领旗杨士珍石顶器率兵丁等

红水营管队毛彦贵韩守印众兵等

山丹营管队李良吉陈旭众兵等

黑城营领旗蔡鼎等

高台营徐敖等

嘉峪关领旗柴大良顾珓等

金塔本营邓玉等

凉州镇中营领旗曹中后营王四等

南古城营王守华等

硖口营管队杨茂芳等

青水堡陈义等

肃州镇中营吕斌等

康熙五十九年八月初一日叩进香

学者指出，这则题记不仅表明早在康熙五十五年（1716年），清政府在统一西域的过程中，就已开始派兵进驻敦煌地区，可弥补史料记载之不足。且从题记所列军营名称来看，包括来自甘州前、中、右营，永固营，大马营，红水营，山丹营，黑城营，高台营，嘉峪关营，金塔本营，凉州镇中营，南古城营，硖口营，青水煲（清水煲），肃州镇中营等各营的军官和兵士，有名有姓者达数十位之多。这些远离故乡故地的军士，戍守他乡，莫高窟作为历史上的佛教圣地，再度成为慰藉他们心灵的重要场所。

此外，如敦煌莫高窟第427窟甬道北壁记有甘州工匠37人来沙州做工，工讫留下了题记：

雍正叁年甘州宁夏人三十七名伍月十六日卅□做沙州房伍百简立

起工完

陈法□

第454窟甬道北壁题记:

大清陕西省直隶肃州钟楼寺比丘普印徒通悟通□通儁通懿孙心观心空心月乾隆十九年七月十五日到此朝谒流通法华经一部金刚批注等经

瓜州榆林窟第6窟二层甬道南壁题记:

乾隆八年五月十八日进香

因为诚心进香炉

卒领众兵到佛前

千佛古洞世上少

山水连连万万年

沙州协标左营功加把总加一级赵连壁率众外委旗队兵丁叩

外委

方必成

李攀富

高 伏

张廷禄(?)

马守隆

杨进虎

嘉庆七年六月十五日朝山奉献

山西平阳府襄陵县弟子杨建科施舍云梯一架敬□

嘉庆十九年六月初六日安西弟子王大国子王宪龄王泰龄孙□儿

沐手焚香上叩

诸佛拥护保佑合家人等出入顺利万事亨通许愿朝山三年敬叩

由此可见，自清代以来，无论是敦煌莫高窟，还是瓜州榆林窟，其作为佛教朝圣之所的重要地位仍然存在，并且随着各类游人的到来，为我们留下了内容更为丰富多彩的题记。

一

从游人题记反映的地域范围和人员来看，相比于唐宋间敦煌佛教的兴盛，元明清以来，敦煌佛教尽管处于式微状态，但仍然吸引了大批佛教信士来敦煌礼佛、进香许愿，做佛教功德，佛教对社会生活的影响始终存在，敦煌作为佛教圣地的地位仍然影响着人们的信仰方式。

嘉庆十八年（1813 年）四月，敦煌当地人赵吉到莫高窟礼佛，在莫高窟今编第 231 窟西壁龛外南侧下部，抄录诗一首：

古郡敦煌远，幽崖佛洞传。建垣新日月，访胜旧山川。

宝启琳宫现，沙凝法相填。神工劳劈划，匠手巧雕镌。

……

色相嗟多毁，丹青讶尚鲜。问禅无僧侣，稽首冷香烟。

字落残碑在，丛深蔓草缠。徘徊荒刹外，怀往意悠然。

学者指出，这首诗为清雍正初年任职敦煌的光禄少卿汪灖所作，在《重修肃州新志》《敦煌县志》中均收其所作本诗。雍正五年（1727年）汪灖来到敦煌，监督当时沙州卫城的修建工作。两年后，新城建成，衙署也基本竣工，汪灖写诗以记其事。期间，汪灖游莫高窟，目睹石窟现状，感慨石窟兴衰，记录了莫高窟“色相嗟多毁，丹青讶尚鲜。问禅无僧侣，稽首冷香烟。字落残碑在，丛深蔓草缠”的状况。众所周知的事实是，有明一代，是敦煌古代历史上最为衰落的一朝，迨至明朝末年，明政府已完全放弃了对敦煌的管理，居民东迁嘉峪关以内，敦煌经济文化随之衰落。清朝康熙年间，着力经营西北，清政府驻兵敦煌，开始对敦煌的管理。雍正三年（1725年）又移民敦煌，发展生产，文化的重建也随之开始。八十余年后，赵吉礼佛莫高窟，此时敦煌设县，安西（今瓜州）置府，生产恢复，人民安宁，莫高窟又是另一番景象。于是赵吉四月礼佛时在231窟抄录题写了汪灖的诗，六月再次礼佛时，便在第14窟中心龛柱北向面题写了自己所作的诗：

山岩开劈势隆崇，造作非凡巧琳工。

意依群曹分效职，期逾何年告功成。

云峦翠柳层楼胜，佛屋宝塔四望中。

新开此境香烟盛，夷狄诸夏往来通。

大清嘉庆十八年六月初一鸣沙赵吉书

赵吉抄录和亲笔题写的这两首诗，真实记录了莫高窟在清朝立国后由衰落走向兴旺的历程。

与敦煌社会历史发展相一致，莫高窟的兴衰，正说明了其作为历史上的佛教圣地，在清代仍然受到人们顶礼膜拜，是清代佛教在敦煌复兴的一个表证。但是，佛教在敦煌的复兴，远非唐宋时期可比，莫高窟尽管也不断有人修葺参拜，但与前代繁盛时期相比，已没有了往日的辉煌。所以，到莫高窟礼佛的游人，遥想莫高窟曾经的辉煌，仍不免有所感慨，莫高窟第152窟甬道南壁清乾隆年间题记曰：

千里进香到西方，

观看佛洞甚辉煌。

荒凉寂寞少僧住，

令人越望越悲伤。

张永奠

肃州总寨堡庠监弟子　张永达　进香一次

于体堂

乾隆□二年□□□□偶书

莫高窟第148窟主室东壁门南侧底层墨书四行：

可叹可叹真可叹，可叹诸佛连节（劫）难。

不知何年并何月，再得重兴胜景山。

甘肃凉州府武威县信士弟子王维曾叩□

大清乾隆伍拾四年八月十五日题

相似的感慨在莫高窟清代以来的游人题记中还有不少，但这种感慨是基于清代敦煌佛教的复兴与莫高窟的重新修缮，并再度成为朝圣之所的状况之上的。

随着唐宋时期佛教大众化的完成，佛教义理中因果报应、转世轮回思想成为基本的佛教知识，“诸恶莫做，众善奉行”的佛教伦理规范，成为影响人们信仰的基本伦理。这些基本的佛教知识，在佛教发展过程中，得到普及和传承，成为大众佛教信仰的主流思想。敦煌石窟游人题记也正是继承了这种信仰特色。我们知道，信众是佛教发展的基础，信仰是佛教发展的动力。佛教在传播过程中，利用种种“方便法门”，鼓励人们信仰。诸多佛教经典中都强调写经、诵经、转经、造窟、造佛堂、造兰若、造像（塑像，画像，印沙脱佛，绢、麻、纸造像）、浴佛、行象、造幡、造塔、安伞、燃灯、施舍、设斋等，都可以作为一种“功德”，给自己种下善因，为自己带来福报或者免除灾难，甚至口称“阿弥陀佛”，念诵“观世音”名号，便可消灾除厄，获得福报。唐宋时期的敦煌如此，清代敦煌也是如此。开窟造像历来是敦煌地区佛教信仰最主要的方式，延及清代，虽然敦煌成为新移民开发新区，但由于敦煌石窟的存在，开窟造像仍然成为社会大众佛教信仰的方式。学者研究表明，清代新开洞窟为今编第 11 窟和第 228 窟，清代重修石窟共 217 个，占莫高窟现存全部洞窟数量的近一半。根据第 454 窟甬道北壁第一身供养像榜题上墨书：“凉州武威县朝山施　画匠雷吉祥于雍正元年二月十五日功完”，这是清代重修莫高窟的最早记录。其他如莫高窟第 342 窟雍正三年十二月“武威弟口（子）刘斌在此开圣像陆尊”，第 152 窟甬道北壁西起第二身供养菩萨像前有：“陕西府乾隆拾叁年五月十六日众信弟子新修斋房壹院，又补修佛殿房一次。”都是清代重修洞窟的证明。据敦煌研究院编《敦煌石窟内容总录》（北京：文物出版社，1996 年）可知，在莫高窟之外，清代对敦煌西千佛洞石窟、瓜州榆林窟、东千佛洞也进行了修缮。我们不妨再举几例清代晚期修缮洞窟的题记。

莫高窟第 285 窟窟檐题字：

五月初六日未时山成工咸丰九年

四月廿二日木工四个

初一日出寿功德主布修染金佛

第 450 窟主室北壁龛东侧墨书：

大清嘉庆岁次戊午甲子月望五日

甘泉弟子塑工人李滋□　　在此□□

　　武威画士杨钧

　　镇番画士吴正□

第 365 窟洞窟木门内侧上端重新装修洞窟题记：

光绪二年四月初三日起工安门

朝山焚香 弟子

年禄 杜秀 周才

安财章 殷思存

杜茂林 叩献

本工 周贵施钱壹两八钱

姚克昌施钱陆钱

康贵施钱陆钱

此外，在莫高窟233窟主室中央台座前，还绘有清代供养人画像，这也是清代唯一出现供养人画像的洞窟。尽管从艺术价值来讲，清代重修洞窟已远逊前代，但不可否认的是，有清一代，对如此多的洞窟重新进行修缮，完全是民众自发的信仰表达，是清代敦煌佛教发展的一个侧面。

如前所言，佛教传入中国后，为了向僧俗大众宣传其教义，不断采取各种手段，以故事化通俗化的形式宣传佛教，以期使深奥的佛教义理通过大众化的传播手段为各阶层信众所了解和掌握。敦煌藏经洞出土文献表明，到唐宋时期，宣传佛教的通俗读物更是多种多样，诸如讲经文、变文、因缘、话本、小说、佛家赞辞、俗曲（五更转，十二时，百岁篇，十恩德）、儿郎伟、劝善文等，这些通俗读物语言流畅，通俗易懂，故事性、趣味性强，适于听闻，因此十分受人欢迎，流传广泛。特别需要指出的是，上述各类通俗读物不仅仅以文本形式在社会上流传，而且以说唱形式，或由僧人在宗教集会上说唱，或由艺人在集市赛会上讲唱，这就使得广大中下层群众，尤其是文化水平较低的群众，也能通过接受说唱的机会掌握佛教知识，因此，各种通俗读物的传播，成为唐宋敦煌大众接受佛教知识的一条重要途径。不仅如此，有些通俗读物还被视同佛经一样庄严，和佛经一样被供养、诵读、抄写或施舍流传。这种以通俗方式宣传佛教义理，鼓励人们信仰佛教的形式，自清代以来，仍然在全国各地流行，如各类劝善文书的大量出现，便是一例。而流行于河西地区的宝卷，更是与敦煌变文、俗讲有某些渊源关系而又有地方特色的一种通俗宣传佛教义理的方式，敦煌石窟更是最为便利而形象地宣扬佛教的手段。榆林窟第14窟前室北壁一则藏头为“南无阿弥陀佛”的题记，便是明证：

南字本是天地根，长养万物一气生，上生天来下生地，生天生地生人根。

无字本是如来家，要除生死连根发，寻着无字是正体，要到西方路不差。

阿字本是空地门，观见弥陀其向云，一声□开生死路，灵山顶上见世尊。

弥字本是□□□，□□□□两边□，（?）开混元生路径，半夜三更见太阳。

陀字本是一只船，度了文殊度普贤，善人度在娑婆岸，要相成佛亦不难。

佛字本是真宝地，金莲台上见消息，三千诸佛同了道，清风明月尽皈依。

来人念佛南无阿弥陀佛

宣统辛亥六月初六日玉门县弟子济世居士集（?）三王陈有途(?)

莫高窟第16窟前室西壁门北面有一方类似劝善书的文字，更让我们了解了儒释相间、劝善修行的内容：

子贡欲（?）行，辞于夫子。夫子曰：“百行之首，忍之为上。”子贡曰：“何以为?”夫子曰：“天子忍之国无害，诸侯忍之承其大，官吏忍之全其职，父子忍之免其戮，兄弟忍之家必富，夫妻忍之终其世，朋友忍之全其义，自身忍之无愧辱。”子贡曰：“何为不忍?”夫子曰：“天子不忍国空虚，诸侯不忍丧其躯，官吏不忍失其职，父子不忍遭其戮，兄弟不忍家难治，夫妻不忍临身孤，朋友不忍情义疏，自身不受其辱。”子贡曰：“非人不忍，不忍非人，此忍之谓也。”不外乎从今后再休算卦，吉凶事只问自家。说甚么财官印绶，说甚么羊刃七煞。为善的好路上安身，八十翁富贵荣华，那是他为人高大（?），鬼神报答；作恶的歹路上等他，□十年命染黄沙，那是他为人短诈，那管他属羊属马。克勤克俭，起盖高楼大厦；粪多力勤，必然得意庄稼。说甚么六丁六甲，说甚么五行造化。铁砚磨穿，必然高车驷马；嫖赌浪荡，必然耻毂□□。孝顺父母，亲敬儒雅，那……然享荣华寿命高□……

从莫高窟第16窟前室相关题记及甬道所立碑文，我们大体推断这段文字题写于民国年间。又据同仁李国先生见告，本文前部夫子与子贡对话部分源于《明心宝鉴·戒性篇》，不过对话的人物由子张改为子贡而已。《明心宝鉴》是元末明初范立本整理编辑的劝善启蒙书，也是最早被译介到西方的中国古籍，成为明清时期最有影响的劝善启蒙读物。这段文字出现在莫高窟里，不仅可以使我们了解《明心宝鉴》在民国年间的流行情况，更重要的是其中所讲内容，虽与传统儒家思想有关，但其间所透露的“善有善报，恶有恶报”的因果报应思想，是其出现在莫高窟的重要原因。这段文字，多年来未曾受到关注，也未见有文字公布，现移录如上，与大家共享。

佛教在自身发展过程中，由最初的反对神祇崇拜逐渐发展为将释迦牟尼神化，并构建出一套神祇体系，允许人们顶礼膜拜。佛教在中国向大众传播过程中，正是借助大众对传统神仙方术的认同，通过各种方式，夸大和神化佛教诸神的神力，并由此形成一系列人格化、偶像化的神祇信仰。信仰者通过求神拜佛表达向佛的心愿，他们希望用这种方式建立起与佛教神灵的联系，这样当他们向神灵发出拯救的信号时，佛教诸神或救他们于苦难，或带他们于福地。对于占人口大多数的普通大众来说，他们的佛教知识与思想更多地来自佛教神殿，来自内心对佛教诸神的皈依而不是对教义的理解，对经典的崇拜而不是对经典的研读。清代对敦煌石窟的修缮，主要是新塑或者对残损塑像的修补，包括佛、弟子（迦叶、阿难）、菩萨（观音、文殊）、天王等，最能反映敦煌大众的信仰特色。我们也不妨罗列数条题记如下。

莫高窟第454窟主室北壁东侧《梵网经变》下方题记栏内：

维 乾隆元年岁叙丙辰四月癸巳八日壬申，欣逢 祖佛瑞诞之辰，是以杨如栢在此修设兰筵诵经

本贯武威人氏

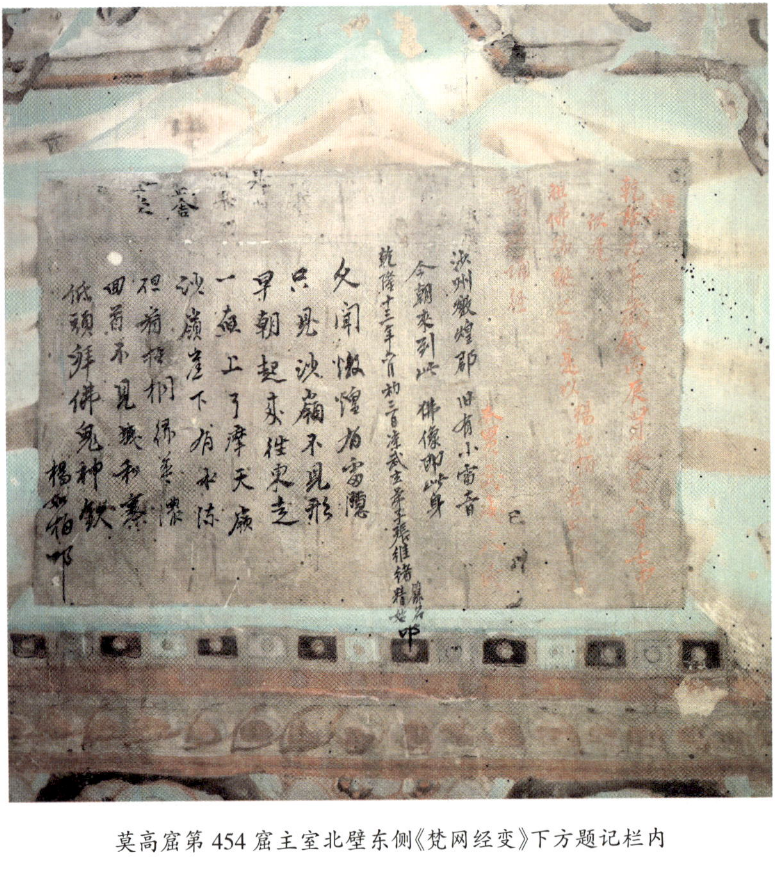

莫高窟第454窟主室北壁东侧《梵网经变》下方题记栏内

久闻敦煌有雷隐，

只见沙岭不见形。

早朝起来往东走，

一直上了摩天岭。

沙岭崖下有水流，

但看梧桐绿华浓。

回首不见城和寨，

低头拜佛鬼神钦。

杨如柏叩

十三年后，一位道士又在杨如柏题诗中间，插了一首诗，反映了敦煌佛道教交融的特色。

沙州墩煌郡，旧有小雷音。

今朝来到此，佛像即此身。

乾隆十三年六月初三日凉武玄弟子张维绪、箓名精始叩

榆林窟第 6 窟二层门北侧西壁下层：

光绪甲辰年，

弟子拜佛来，

诚心来焚香，

四季保平安。

七月七日提笔

莫高窟第 16 窟前室西壁门北

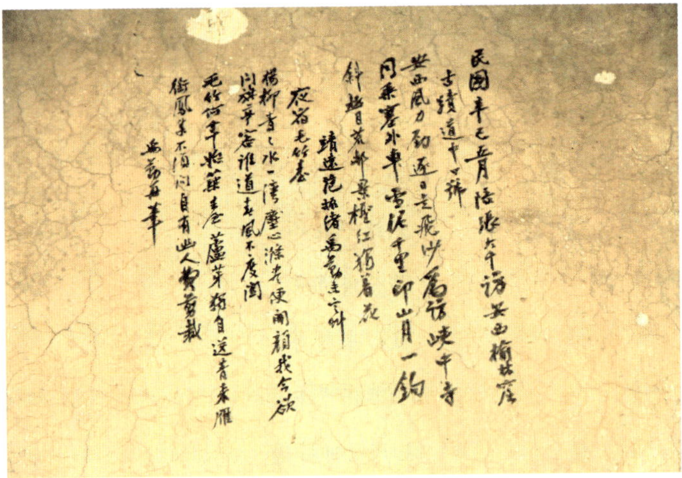

榆林窟第 6 窟甬道范振绪题诗

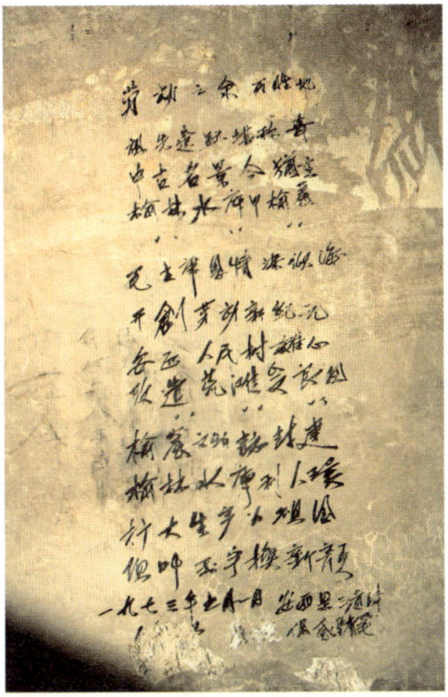

榆林窟6窟甬道题记

榆林窟第16窟甬道北壁 张大千题记

明（民?）国元年，

弟子拜佛来，

诚心来梵香，

四季保安平。

六□玉门雷兴成

榆林窟第 6 窟木正门背：

万佛通灵保合境

一家大小得安宁

若要年々来朝佛

富贵永佑保长生

渊泉道士书

酒泉人

榆林窟第 6 窟甬道北壁：

诚心叩佛上宝峡

古佛万层真仙洞

世人存心多向善

添寿增子丰光年

玉门信士弟子七人张玉成提笔

莫高窟第 138 窟甬道北壁还愿文：

光绪十一年（1885 年）七月初七日，弟子刘天添诚心还愿，灵应男童千佛保，长命百岁，万事亨通。原籍系凉州府武威县大渠东北乡

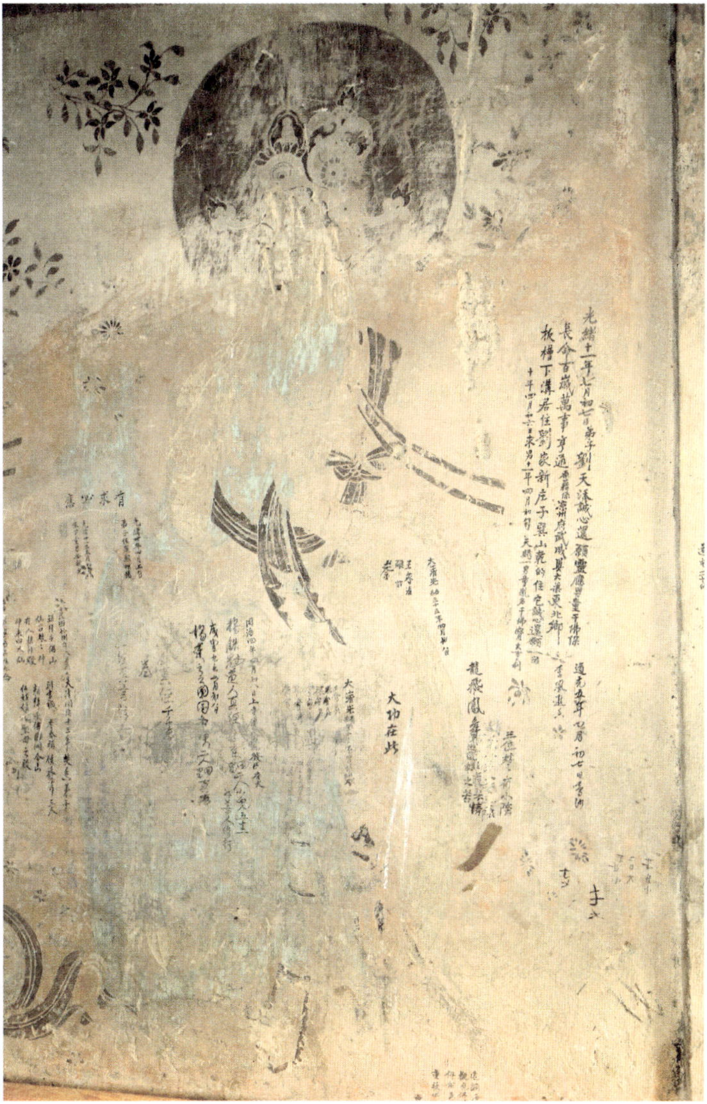

莫高窟第 138 窟甬道北壁 还愿文题记

板槽下沟居住，刘家新庄子巽山乾的住宅，诚心还愿一回。

十年四月初六日求男，十一年四月初旬天赐一男童，乳名千佛宝（保）。大吉大利。

光绪卅年四月上旬

弟子任运熙叩恳

光绪卅一年正月初 旬

生下童男全禄儿

【笔者案，光绪三十年的这则题记为竖写，其上还有横写四字“有求必应”。】

莫高窟第454甬道南壁第二身供养人像衣袍上题记：

弟子来朝山，

四季保平安，

求儿来年生，

挂袍把油添。

如果说，求神拜佛体现了大众佛教信仰的重要内容，那么游人信仰目的或许让我们更加清楚大众佛教信仰的特色。

对于来敦煌石窟的游人而言，他们所表达的信仰目的不是为了追求终极性的精神超越，而是通过信仰实践，获得解决问题的技术与方法，也就是说，信仰者通过各种功德活动，希望获得现实生活中的利益。这些利益在当时来说，就是国家的安宁，家庭、家族的平安，子孙的繁衍，五谷的丰登，是与他们生产生活息息相关的世俗利益。我们试列举民国期间的几则游人题记。

榆林窟第6窟门外北墙有两则题记言：

吾辈来此千佛洞，

诚心虔叩诸圣辰，

默佑众生四时泰，

庇护安邑万载宁。

乙丑年荷月伍日

信士 段复泰

陈学曾 仝沐手百拜

秦秀科

（乙丑年当为1925年）

六人一同来朝山，

佛爷保我无灾难，

念经朝斗消苦难，

佛祖保佑回家转。

民国廿九年六月初六日玉化堂弟子 张□叩

莫高窟第383窟主室西壁龛下南端观音像身后民国二十六年（1937年）游人题记：

佛菩萨摩诃萨一心圣愿，

莫高窟第 383 窟主室西壁龛下南端观音像身后游人题记

生母常安乐先亡获超罪，

现眷得福慧师友悉康宁，

消除己身业增长胜善根，

法界诸含识同证无上道。

【笔者案：莫高窟第365窟窟门外南壁有同样内容的题记，“廿六年夏蝶娱馆主韩军一普礼诸佛菩萨麽诃萨一心圣愿”，而383窟则有“廿六年夏开封韩馨（?）武因赈务来敦虔诚普礼”。这两个洞窟相距不远，题记字体相同，许愿内容一致，或许二人为同一人。】

莫高窟第443窟西壁游人题记：

宽心留诗许愿心，

恐误佛爷那一尊。

若待发迹回家早，

另塑佛身贴赤金。

民国廿八年五月廿二日

陕西三原县弟子 崔宽心作

莫高窟第454窟木门正面右（南）扇门上：

弟子来到大佛殿，

时运不通拜□□。

许下喜文事百篇，

保佑弟子孝口亲。

民国□七年□□□□□拜

如前所言，清代以来，到莫高窟参观礼拜的人并非来自敦煌一地，而是来自全国各地，身份以普通大众为主，他们在莫高窟、榆林窟等处留下题记，表达信仰，目的不是为了追求终极性的精神超越，通过这种信仰表达，希望获得现实生活中的利益。因此，敦煌石窟历代游人题记从一个侧面，印证了笔者所提出的“大众佛教”的特征。

更有趣的是，敦煌石窟游人题记反映的佛教内容远不止上述这些，还有更为广阔的内含，比如对佛教信仰的迷茫和困惑。大家都知道，生活在东晋后期的戴逵是著名的书法家、雕刻家，也是一位虔诚的佛教徒，他以自己坎坷一生的命运为例，写了《与远法师书》和《释疑论》两封信给慧远，就现世社会出现善人得恶报，恶人得现报的情况，表达了他对善恶报应的怀疑。慧远于是作《三报论》以答之，《三报论》的副题是“因俗人疑善恶无现验而作”，表明解决这一问题具有普遍意义。中国佛教中的因果报应思想，实质上就是经过慧远等思想家整理过的因果报应说。但是这个问题仍然困惑着现代人。榆林窟第 6 窟一层木门外南壁长眉罗汉画像旁有两则题记（不在同一位置），就是现代人的困惑。

其一曰：

行善人朝々不乐，
作恶人夜々生（笙）歌，
忠厚人忍饥受饿，
奸炸人狂骗财多。

具手念佛问弥陀，
弥陀无言对我。
长眉罗汉哈々笑：
不因看眼前快乐。
是问老天待如何？
且看收圆结果。

其二曰：

欲悟至道却无缘，
可怜苦志二十年。
披毛戴角能成正（?），
惟人为何得道难。
□□□前人□□

而在莫高窟第16窟前室西壁门南墙壁上，也有一首陆孙祥题名的诗：

修行悟道最高上，一日丹成寿无疆。
总要受得人毁谤，有始有终有吉祥。
不但阻拦有尊长，还有恩爱非寻常。
年初本是神仙样，三宝满足似金刚。
知识一开日放荡，十恶八邪满尸腔。
又加娇妻美容像，无限波涛有愁肠。
生下儿女结成党，寒来暑往要衣裳。

盘盘算算精神衰，不觉就是两鬓霜。
纵要冲天大志向，奔波劳碌好悲伤。
正是恩枷爱如纲，不能识破枉思量。
父母爱惜不由往，烦恼怎能上九天。
奉道修真不思想，恩爱牵缠没下场。
此是三难对你讲，看不穿时落汪洋。

天地的大道清雅，正堂堂合得三家。
日月初照满天下，谁不见郎郎光华。
雷霹雳声音多霅，远近闻岂比青蛙。
外旁门异端小法，唧唧虫呼唤呱呱。
左开弓有右去扯，拉抱着头立定身价。
手搓热满面云擦，气存在丹田之下。
若叩齿牙咬紧牙巴，枝叶上摸索总假。
争事非你错我差，书符咒不合造化。
所修谓也。
己巳阳和月。陆孙祥拙笔

查阅中国年历，清末至现代己巳年分别是为1869年、1929年、1989年，据第16窟前室相关题记及甬道所立碑文，并参阅斯坦因相关笔记，此己巳年当为1929年无疑。陆孙祥此人情况不明，但所抒写的个人修行与世俗生活的矛盾，却代表了那一代人的困惑。

所以佛陀总结出“空”的智慧，教人们凡事不必过于执着，应以平常心待之，心无挂碍，得失从缘，超然物外，便可轻松安详地做更多有益的事情，生活也会更加幸福。如此人生智慧，真正感悟者有多少呢？而处在俗世间的有情之人，又有多少人能践行这一点呢？于是有人在榆林窟也题写了如下的感言。

榆林窟第5窟西壁北侧：

依山靠水房数间，名也不贪，利也不贪。

粗米淡饭饱三餐，早也香甜，晚也香甜。

布麻絮丝棉，长也可穿，短也可穿。

一对犁牛盘顶田，收也平（凭）天，荒也平（凭）天。

雨过天，架令船，琴在一边，酒在一边。

夜于（与）妻子花灯前，可（今）也言言，古也言言。

日高三丈有（揉）我眼，谁是神仙？我是神仙！

奴平小乙

清同治元年四月八月敬香弟子武生王裕堂叩

榆林窟第3窟窟门内南侧，也有一则与之旨趣相同的题记：

世人笑我不耕耘，

我笑世人空劳神。

学不求禄禄自得，

君子忧道不忧贫。

山右吕占魁书

在榆林窟第11窟（龙王洞）窟门内北侧、第6窟一层甬道、二层甬道都有吕占魁相同题记，时间据第6窟题记，当在道光辛卯（1831年）四月八日。吕占魁，有学者著录为“吕六魁”，当为误读。颜廷亮先生在《榆林窟题记中的文学作品及其意义略说》（《丝绸之路》，2011年第18期）一文中认为，诗中“山右”即为山西省代称，吕占魁或为山西游人或为在安西（瓜州）做官的山西人，兹从之。明代唐伯虎《桃花庵歌》里有“别人笑我太疯癫，我笑他人看不穿”。此诗是否化用唐寅之诗，尚且不论，但诗中借用孔子《论语》中“君子忧道不忧贫”之语，反映的安贫乐道的思想，却又和前一则题记有异曲同工之处。

在榆林窟第6窟一层木门外北壁，有一处对礼佛不敬者的批评，则更有生活的情趣：

佛洞清净系西天，
凡民朝山（??）虔。
大殿面前拴驴马，
后宫内中妇女眠。
如此焚香神不愿，
反造（?）办深罪愆。
自己作孽自思改
傍（旁）人相劝是浮言
春和题

1949 年以后，从敦煌石窟游人题记来看，游人的信仰也发生了变化，题记中出现了对佛教信仰的批判与否定，更多的仅是将敦煌石窟当作一处古迹而“到此一游”的，表明人们对佛教信仰的淡漠。

1973 年，在全国掀起农田基本建设的高潮中，安西县（现瓜州县）也在榆林窟不远的榆林河谷修建水库，灌溉农田。劳动之余，有人来到榆林窟参观，在第 6 窟一层甬道北壁题写了如下诗句：

劳动之余历胜地，
祖先遗迹堪称奇，
中古名景今犹在，
榆林水库甲榆窟。

毛主席恩情深似海，
开创劳动新纪元，
安西人民树雄心，
改造荒滩变良田。

榆窟文物志封建，
榆林水库利人环（寰），
扩大生产为祖国，

但叫玉宇换新颜。

一九七三年七月一日安西县三道沟

【笔者案：两人名漫漶】偶感随笔

这首题诗的观念与态度已是非常明确，无须解释。我们还可再拣出几条。

莫高窟第14窟前室北壁游人题刻：

百花定在春天开，

远离家乡来游玩。

游玩来到千佛洞，

观看□□已经完。

留念

河南郑州

莫高窟第205窟甬道北壁，铅笔题写：

这里由去青海石油部工作的同志游过，

为了纪念特题上感想：

祖国【案：以下原有字，现有被擦痕迹，字迹不清】，

在心腹中还藏有我们祖先的□□【案：被擦】，

我们感到做一个中国人的□□【案：被擦】，

做一个新中国毛泽东时代的青年

更加骄傲，我们要依(以)无比的智慧和热情建设我们的大西北。

【笔者案：青海油田1954年开始勘探，本题记为繁体书写，应是

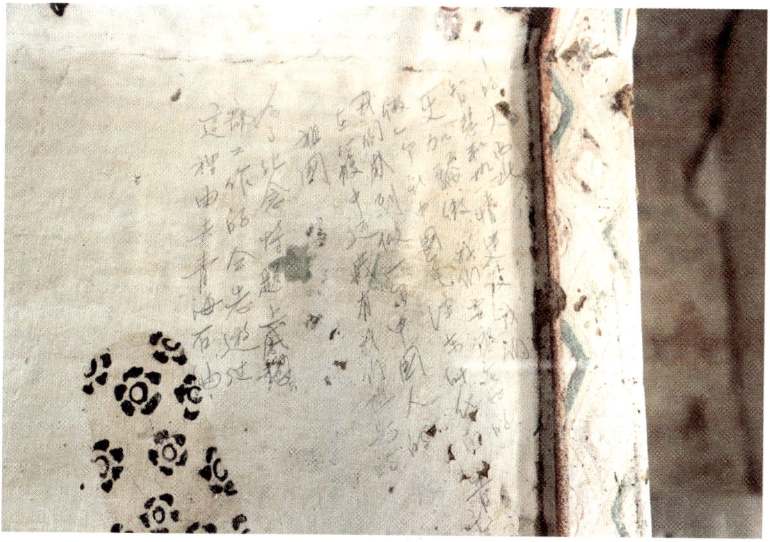

莫高窟第 205 窟通道北壁游人题记

1964年5月中国文字改革委员会出版《简化字总表》之前的字体，因此判断此题记当作于20世纪50年代。】

莫高窟第367窟主室南壁红色圆珠笔题写：

跨渡当金来佛洞，
千佛端坐各窟中。
忆古祖国唐宋史，
继续革命向前冲。
青海省公路处机械队
八一参观
千佛洞
□□铭叶□新□□人题

莫高窟第454甬道北壁第四至五供养像之间铅笔书写：

五四青年节，
慢游千佛洞。
虽说以（已）古老，
但是更好看。
五四留念
王丽燕

莫高窟第464窟前室南壁：

青海省汽车运输公司汽车七三八场
周建军、王岁德、郭玉桂三人到此一游

三人都有同样的感觉：

历史记□和平□，

劳动人民普（谱）新篇。

1975年7月20日

莫高窟第4窟前室北壁铅笔题记：

古闻甘肃千佛洞，

可惜无缘来贵地。

今巧为国来建设，

便遊神山於留念。

浙乐工程队

一九七六年九月十九日

这些有着明显时代烙印的题记，为史书所不载，但对我们了解新中国成立至改革开放这一时期中国宗教的演变及大众的信仰趋向，极具价值。

如前所言，清雍正三年（1725年）以来，清政府接受川陕总督岳钟琪的建议，自甘肃56州县向敦煌有计划、大规模地移民屯田，敦煌地区的社会经济开始复苏。伴着移民到来，生产恢复，经济发展，敦煌地区的文化重建活动也随之开始。有学者指出“这次文化活动的主人都是外来移民，他们将各自从西北56州县带来的地方文化进行了杂糅组合，形成了一种新的敦煌文化”（杨宝玉：《敦煌史话》，北京：社会科学文献出版社，2011年，149~150页），这是颇有见地的认识。而这种文化反映在敦煌石窟中，一方面以莫高窟第138、454为代表的一批洞窟，被改造成为具有民间道教色彩的“娘娘殿”，佛像被灵官、送子娘娘所代替，远在敦煌之外的榆林窟也是如此；另一方面，游人题记里出现了不少与道教相关的题记。

莫高窟第34窟前室西壁门北：

昨夜梦不祥，
今朝书在墙，
太阳来临见，
凶々化吉祥。
吾奉
太上老君急々如律令千年大吉

莫高窟第95窟主室中心龛柱东向面甬道门北侧：

大清嘉庆二十二年七月初七日道德腊之辰，西宁府县西川镇海堡人唐成斗、唐明九，石匠沟人山有铭，王敦铭，同来此地进香，在于大佛殿内讽金刚弥陀经各一卷，太上诸品弘名宝号，祈消愆减罪，早超彼岸，天下太平，共乐升平之世也。

莫高窟第98窟甬道南壁供养人像列西起第一身供养人像绿底榜题栏内，有铅笔书写的民国二十一年组织军队清理积沙的题记，明确指出“僧道两教敬神佛”。

民国贰拾壹年
远看青山一片石

来到青山有贵处

千々佛爷在洞里

三大寺院修的新

僧道两教敬神佛

骑五十三团赶沙子

千年古洞见天日

莫高窟第152窟甬道北壁西起第七身供养菩萨身上书写：

武当山太玄道人真阳子今

乾隆四十年四月初八日到此朝山

相同题记也出现在莫高窟第166窟主室南壁观音菩萨像前：

武当山太玄道人真阳子今

乾隆四十年四月初八到此朝山

莫高窟第148窟甬道二门北面门框旁墨书一行：

龙门洞金符山授戒弟子张来德至嘉庆十年九月廿一日朝礼

同窟甬道二门外北侧墨书二行：

玄门弟子吕义寿到

千佛洞十（释）迦佛爷遵（尊）下

甬道二门内南侧墨书：

嘉庆九年玄门弟子潘永归叩拜

嘉庆十年玄门弟潘永归叩拜徒颜元子□□叩

乾隆十三年六月初三日凉州

武威玄裔弟子张维绪箓名精始到此

同窟主室东壁门北侧下方第二身供养人像榜题栏内竖写：

大清陕西安沙州西云观出家道人马合庆叩

莫高窟237窟主室东壁门北：

道光十六年四月初七日诵经

嗣教弟子同叩上祝

佛祖圣诞之辰建醮諓诵仙经蒙

神灵永佑万事如意百福千祥

一诚上达

百事皆通

岁次丙申七日叩

莫高窟第366窟主室南壁：

王子去求仙，

丹成入九天。

洞中方七人（日），

世上已千年。

云山道人笔

莫高窟第454窟主室北壁墨书：

乾隆元年四月初七武当会一会人等到此建醮

莫高窟第454窟甬道南壁第二身供养像榜题上端题记，留下了佛教僧人与道士结伴到莫高窟诵经的题记，别有意味。

临洮狄道州　玄门弟子朱成相

大清乾隆十八年四月初八日诵经二人虔叩

临洮狄道州　报恩寺僧人照永

无独有偶第 196 窟甬道南壁西起第二身供养人衣袍前下方题写“咸丰十一年四月十五日玄门弟子徐德、李春云，僧人七斤子敬叩”，应该也是佛道弟子共同礼拜莫高窟的记录。

同窟甬道南壁第四身供养像衣袍上题写：

玉皇勅令下九天，

王母蟠（蟠）姚（桃）会八仙，

太极八仙来上寿，

天降长寿不老丹。

伊吾云山弟子萧立恒敬叩

此则题记无时代，众甬道南壁第六身供养像身上墨书题记可知作于同治五年（1866 年）。

西方我佛在此山，

世人朝山□□□。

若要不姓（信）抬头看，

半岩尽是古神仙。

同治五年三月二十日伊吾云山弟子萧立恒敬叩

榆林窟第 6 窟二层门北侧西壁下层：

云游胜境漫参禅，

不是前缘有后缘。
福地洞天真自在,
世间极乐是神仙。
楚北圻水方锡庚(侯)官安西口二次
同杨受□□□等并刘队长来
山,随笔写意

莫高窟第152窟东壁门南存有一纸光绪十五年(1889年)道教仪式榜文,这类纸质榜文在莫高窟第138窟、第454窟等洞窟都有留存痕迹,说明莫高窟甚至成为道教举行斋醮科仪的场所。我们知道,道教的斋法与醮仪,是道教的祀神仪式,也是道教最重要的科仪。在道教发展过程中,道教的斋法与醮仪融合成为同坛举行的斋醮,斋醮科仪格式趋于完备。道教宣称斋醮具有度世之功,可"上消天灾,中镇国祚,下度人民"(《道藏》第30册,第779页)。道教斋醮的祈禳、济度功能,可以通过仪式的象征表现,达到祈福消灾、济生度死的目的。这也是敦煌石窟在清代成为道教斋醮之所的原因。道教的起源,与大众的民间信仰息息相关。道教斋醮科仪中祭神如神在的信仰观念,能充分满足普通大众对生命的祈求,对祖先亡灵的济度,更符合大众的祭祀需求与信仰习俗,因而敦煌石窟内留存的道教斋醮仪式榜文,有着明显的大众化色彩。

敦煌莫高窟、瓜州榆林窟众多的道士的题记,学界一致的观点是,这类道士题记表明了莫高窟已非佛教独尊的圣地,而成为佛道相

莫高窟第 152 窟东壁门南道教斋醮榜文

融的场所。这一方面是与敦煌地区新移民的到来有关，另一方面来敦煌石窟的道士，除甘肃各地之外，还有来自今新疆、陕西、湖北及江南地区的道士，他们当中有不少清代道教著名流派，如正一派、武当派、龙门派的道士，甚至出现了僧人与道士结伴来到敦煌石窟的现象。从敦煌石窟道士题记及相关洞窟中保存的道教科仪的榜文，以及榆林窟第 23 窟清代道教壁画，可以看出，道教教义与道教伦理对民众日常生活的影响，尤其是蕴含儒家伦理与佛教因果报应思想的道教伦理观念，更是影响着普通民众的心理和行为，在大众层面体现出"三教圆融"的宗教特色。笔者在研究敦煌藏经洞出土文献中的道教文献时，曾指出唐宋时期敦煌道教的大众化特色。清代以来敦煌石窟中的道教题记，虽不是唐宋敦煌道教的延续，却是元明以来，中国道教不断大众化、世俗化的结果，在清代以后更加体现了大众化的色彩。这些为史书所不载的道教题记及相关内容，为我们认识清代以来中国道教发展的特色，提供了一个真实而新颖的视角，这也是为什么发现藏经洞的王道士，会出现在佛教石窟的原因吧。

二

清代以来出现在敦煌石窟的游人题记，不仅反映了这一历史时期的宗教状况，还为我们展示了近现代社会历史的演变。

20 世纪初文化史上最重大的事件之一，莫过于敦煌藏经洞的发现。关于藏经洞发现及藏经洞文物流散的历史事件，文献记载及百年敦煌学研究已有不少成果，但留存于敦煌石窟中的相关题记，也应该是这一历史的真实见证，我们也不妨举出几例。

榆林窟第17窟甬道：

大清光绪三十三年五月二十一日（1907年6月30日）

湖南湘阴县蒋资生雨□

英国总理教育大臣司代诺当幕游历到此

此蒋资生便是协助斯坦因处理庶务，疏通关系，帮助斯坦因欺骗王道士的师爷蒋孝琬。英籍匈牙利人斯坦因（Aurel Stein）是第一个攫取藏经洞文物的人。1907年，斯坦因在蒋孝琬的帮助下，以4个马蹄银（相当于200两白银）从王道士手中骗得了24箱经卷和5箱经过仔细包扎好的绢画、刺绣等艺术品，运回了英国。关于藏经洞发现后，英国斯坦因、法国伯希和、俄国鄂登堡、日本橘瑞超等所谓外国探险家对文物的劫掠，已有不少研究成果问世，作家余秋雨一篇《道士塔》，更是让这段历史充满了辛酸和悲愤。榆林窟17窟这则题记，为我们提供了一个铁证，只要洞窟存在一天，那些留存在我们心中的伤痛就会存在一天，永不消失。

莫高窟365窟窟门入口北壁位置，题有一首无名氏七言诗：

中华民国第十年，俄人来柱（住）千佛山。

商民各界独心寒，军队保护得安然。

这首诗所记之事，发生于1921年。苏联“十月革命”胜利后，一批沙皇时代的旧军人不甘心失败，纠结旧部，与新政权展开较量，最终被苏联红军打败。其中由白俄将军阿连阔夫统率的一支4000多人的队伍，节节败退，越境进入我国新疆地区。这股白军，装备精良，很多人参加过第一次世界大战，战斗经验丰富，他们进入中国，啸聚新疆，横行无忌。中国政府几经交涉，苏联政府颁发特赦令，允许白军官兵缴械投降，回国谋生。阿连阔夫手下 3500 多人相继回国，但他本人带领 500 多名死硬分子拒绝回国，试图继续以新疆为基地袭扰苏联。时任新疆都军杨增新认识到这股白军对地方的危害，派人与阿连阔夫交涉，以提供给养为诱饵，让其所率白军全部移师奇台。1921 年 1 月，阿连阔夫残部发动了对奇台县城的袭击，由于中国军队事先早有防范，阿部被迫缴出全部武器。新疆督军杨增新恐其再生祸端，恳请北京政府将其“以分其势，而免意外”。1921 年 1 月 6 日，白俄陆军总司令谢米诺夫从蒙古给阿连阔夫发来一封电报，命令阿连阔夫率部前往库伦（今乌兰巴托）集结待命。阿连阔夫请求协助运输，杨增新便允诺派马车送白军经内地甘肃转道前往蒙古。

最初甘肃督军陆洪涛不愿意接收，但由于杨增新派军队“已将俄党解至哈密，势难返回”，甘肃方面只好同意接收。1921 年 6 月，阿部一行约 500 人，乘马和驾驶四轮马车数十辆，装载辎重由哈密穿越戈壁，到达敦煌。甘肃省政府委派接待专员吕季贤、翻译员陆春林前往敦煌，地方上由肃州巡防三营营长周炳南、乡绅郭璘和其子郭福基负责接待，决定将所有白军全部安置在距县城 50 里的莫高窟中，以免威胁敦煌的治安。莫高窟因此经历了一次人为的灾难，白俄军人将洞窟和寺院中的门窗、牌匾劈碎当柴烧，在洞窟内搭建住房，支锅做饭，大片洞窟壁画被烟熏火燎无法辨认。更有甚者，他们还将不少泥塑断手凿目，甚至挖心捣肺，意在盗宝。这些破坏的痕迹至今犹存。

沙俄军人对文物古迹的破坏行为，引起当地百姓的愤怒。周炳南会同县政府上报省政府，建议将这些白俄军人迁出。1921 年 11 月，甘肃省政府决定自筹资金，将盘踞在敦煌莫高窟的白俄军人分批遣送出境。截至 1922 年 9 月，最后一批白俄军人离开了敦煌。莫高窟终于回到了往日的宁静，但凋敝的石窟却由于这次人为的破坏而受到重创，留下至今令人伤痛的回忆。

在莫高窟第 365 窟窟门入口北壁还有一则题记，同样与敦煌石窟文物的流失有关。其题记曰：

余关内靖远人，昨年随陆君警
佐来敦，今携王什长警兵等住此，
预防美国技师等，恐偷诸洞
壁之画，余闲住无聊，持□（式）笔
登楼偶涂于三层楼之中间。
民国十四年闰四月廿二日弟子朱铭牖涂

此题记所记之事，当为 1925 年任职于美国哈佛大学福格博物馆的美国探险家兰登·华尔纳（Landon·Warner）第二次率美国福格考察团来敦煌考察，遭到敦煌人民和地方当局的坚决反对，最终失败而归。由题记可知，朱铭牖（yǒu）一行在 1924 年就已驻守莫高窟，正是因为当年华尔纳盗剥莫高窟壁画，引起敦煌人民的警觉，朱铭牖等受命驻守莫高窟，“预防美国技师等，恐偷诸洞壁之画”，这个所谓的美国技师，就是华尔纳一行。朱铭牖留在莫高窟的题记，又一次为我们提供了华尔纳破坏莫高窟壁画和敦煌人民保护文物的事实证据。

莫高窟第443窟窟外西侧（444窟前室北壁）有一则铅笔题记：

大日本京都吉川小一郎 明治四十四年十月二十日

“明治”系日本明治天皇睦仁的年号，明治四十四年为1911年，题记的作者为吉川小一郎。这则由吉川小一郎自己亲笔题写的汉字，记录的正是日本大谷探险队成员吉川小一郎1911年在敦煌莫高窟搜集藏经洞文物的事件。

近代以来，西方列强以坚船利炮打开古老中国的大门，接踵而来的便是文化侵略。中国西北地区，成为西方列强文化侵略的重灾区。敦煌藏经洞文物，在那个时代，也未能逃脱被劫掠的命运。流散的文物，堂而皇之地出现在其他国家的图书馆和博物馆以及某些个人的收藏里，可以说是我们灾难深重的民族历史的缩影。以上列举的几条题记，也仅仅是以另一种文本形式记录了莫高窟国宝流失的沉痛往事，且作为物证，时刻提醒着我们不要忘记我们民族曾经滴血的伤口。

历史的脚步并非停滞不前，敦煌藏经洞文物的流散，引发了社会各界对敦煌石窟的关注。20世纪40年代初，国民政府设立国立敦煌艺术研究所，将莫高窟置于政府管理之下。在此之前，一些学者、艺术家先后来到莫高窟、榆林窟临摹壁画，调查洞窟，并著文介绍研究石窟艺术，其中最有影响的是张大千在敦煌的活动。1941年，著名画家张大千携带妻儿和门徒，开始了对敦煌壁画的考察和临摹。1941 年 3 月到 1943 年 10 月，张大千率领徒弟在敦煌临摹了近三年的时间，完成了 276 幅壁画临摹作品，并对莫高窟、榆林窟、西千佛洞进行了编号和资料记录。大千先生在敦煌的活动，特别是随后在重庆、成都等地举办敦煌壁画临摹作品展览，使曾经繁盛千余年又沉寂数百年的敦煌壁画再次为世人所关注。也正是这次敦煌之行，大千先生留下一段是否破坏敦煌壁画的公案。笔者对此不妄加评论，仅举几则大千先生及相关人员在洞窟内的题记，是也非也，请读者诸君自己评判。

莫高窟第 159 窟前室北壁侧龛天王身上墨书题记：

辛巳年（1941 年）八月，发现此复壁有唐画，命儿子心智率同画工□□李富破，三日之功，剥去外层，顿还旧观，欢喜赞叹，因题于上。蜀郡张髯大千

大千先生在指挥家人画工剥去洞窟内外层壁画的同时，又在第 161 窟甬道北壁西侧绘土红色自画像，并红笔题写：

辛巳八月

朔三日

张大千

来拜

莫高窟第 17 窟（藏经洞）西壁有五行张大千先生竖写墨书题记，内容如下：

此莫高窟壁画之白眉也，是士大夫笔。后来马和之得其一二爪，

遂名家。辛巳九月蜀郡张爰大千来观，赞叹题记

同壁还有民国三十四年（1945年）潘洁兹题写的对张大千先生的批评意见：

此画甚佳，然未必即莫高窟之白眉。张氏以其稍具士气，遽即以此抹杀一切，殊欠精当。至谓马和之得其一二，亦遂名家，尤属荒谬。按和之为南宋钱塘人，有声于高、孝朝，其所作山水人物，务生华藻，衣褶俱作兰叶描，实远祖道玄，近法伯时者，与此固风马牛不相及也。和之画，故宫博物院尚有收存，如《闲忙图》等可以考见，似此浅戏写，足以读人物哉。题壁本为恶德，强作解人，尤属可恶，故为正谬如上。　三十四年秋洁兹

张大千前往敦煌，途经武威时，认识了当时担任甘肃省参议会副议长的著名书画家范振绪先生，并与范振绪先生结伴前往敦煌，于1941年5月参观了榆林窟。在榆林窟第6窟一层甬道北壁，范振绪先生题诗二首，记录了这次访问：

民国辛巳年五月陪张大千访安西榆林窟

古迹道中口号

安西风力劲，逐日是飞沙。

为访峡中寺，同乘塞外车。

雪泥千里印，山月一钩斜。

极目荒郊景，柽红独着花。

靖远范振绪禹勤未定（草?）

夜宿毛竹台

杨柳青青水一湾，尘心涤尽便开颜；

我今欲问旗亭客，谁道春风不度关。

毛竹何年始筑台，芦芽独自送青来；

雁衔凤集不须问，自有幽人费剪裁。

禹勤再笔

[按：范振绪字禹勤，“毛竹台”当为“蘑菇台”，距榆林窟窟区1公里左右，为榆林窟庙产。范振绪先生为甘肃靖远人，说话口音与安西（现瓜州）口音不同，估计是将当地人所说的“蘑菇台”误听为“毛竹台”了。]

1941年10月，张大千曾两进榆林窟，临摹了第25窟的巨幅经变图和第16窟的壁画，并在第25窟西壁南侧的《普贤变》右侧留下了临摹时的信手题字：

辛巳十月二十四日，午后忽降大雪，时正在临写净土变也

在第16窟甬道北壁曹议金夫人供养像身后题写：

辛巳十月二十二日，蜀郡张大千临写一周题记

1942年8月，张先生召侄子张比德，门人肖建初、刘力上，好友谢稚柳等赶赴敦煌协助工作，在参观西千佛洞时，于第8窟主室北壁，留下题记：

青海韩辅臣、武进谢稚柳、德阳萧建初、朱方刘力上、内江张大千，同六侄比德□□□佛巡礼诸窟

今天，张大千剥离过的壁画痕迹依然存在，张大千题写在洞窟内的文字仍然可以辨识，张大千对敦煌的贡献仍然在传颂，张大千在敦煌的功过是非仍然是一个热门的话题。如果我们把思考的路径放回20世纪40年代具体的历史环境，相信每个人都会做出自己的判断。

抗日战争爆发后，大西北虽不是正面战场，却是重要的后方基地。当抗日的烽火漫延全国，同仇敌忾、抗战到底，打败日本侵略者成为全国人民的共同心愿。远在西北且更为偏远的榆林窟里，也留下了当地人民期盼早日打败日寇，向往安定生活的题记。

榆林窟第38窟在清代被改造成为“虫王窟”，当地百姓在洞窟主室塑虫王像，每年定期举行仪式，祈祷当年没有虫灾，盼望农业丰收。这也是清代以来，民间信仰和佛教信仰融合的一个现象。可是，就是在这样一个祈祷保佑百姓平安的洞窟内，却因为日本侵华战争的爆发而不得安宁。于是在民国二十七年（1938年）、民国二十八年（1939年）两年的祭祀活动中，出现了“打倒倭寇只时间”的题记，使我们能够看到抗战历史在敦煌石窟中留下的印记。

榆林窟第38窟甬道游人题记录文：

中华民国二七年

打倒倭寇只时间。

南工会首乘暇时，

献戏答报神灵感。

来此取水望虫散，

田禾兴旺乐丰年。

经理会首安永俊、苗根昌，车户刘天寅
来此取水，以表历年如斯
虔诚之意，众士功
德不朽云尔。
四·二八，在一工南大庙
登台，五·一上表献水，敢祈
神圣佑护保彰（障）之而（尔）矣。

同窟主室门南有民国二十八年相同内容的题记：

中华民国二十八年
打倒倭寇只时间。
南工会首乘暇时，
献戏答报神灵感。
来此取水望虫散，
田禾兴旺乐丰年。

五月十三日七工太庙向硖口药王泉取水，
同教员卢瑞甲敬叩
会首方玉存等
车户徐见科

战争的烽烟虽然没有波及边远的瓜州地区，但处在后方的人民，却没有被侵略者的炮火吓倒，他们对侵略者的失败充满了信心，他们不能上前线杀敌，就在后方祈祷，这便是中国人民同仇敌忾的精神，是抗战必胜的源泉。私意认为，记载抗战的文字千千万万，但这两则从遥远的大西北发出的民族心声，却更加铿锵有力，更加令人震撼。

如上所言，抗战时期，甘肃虽不处在正面战场，却是非常重要的战略后方。特别是当时的省会兰州，更是成为西北国际交通线的必经之地。大批援华物资运到兰州中转，从苏联中亚阿拉木图和西伯利亚外贝加尔地区来的飞机和苏联空军志愿队，分别经新疆、内蒙古来到兰州，然后编组分赴中国各地机场，使兰州又成为中国空军重要的训练中心之一。兰州处在西北国际交通大动脉上重要的战略位置，使得兰州成为日军空袭的重点目标。据有关统计，从 1937 年 11 月 5 日到 1943 年 10 月 4 日，日军先后出动 1441 架飞机（侦察机除外），先后有 40 多次对我西北进行空袭，对兰州的轰炸达到 30 多次，出动飞机 1157 架（孙贤云：《抗日战争中的甘肃》，见《兰州日报》，2015 年 8 月 31 日）。而有关兰州空战的消息，也留在莫高窟里。莫高窟第 257 窟主室北壁下层佛与诸弟子赴会西起第五身榜题栏内铅笔书写两行字：

中央社六月二十日电兰州电上午十二时有敌机二十五加（架）

在城内投弹九十枚。我防空部队击□轰炸机三加（架）

莫高窟内的这则题记，长期以来未曾引起任何人的注意。敦煌研究院在互联网公布了 30 个数字化洞窟的全景漫游图像，同仁李国先生在利用此图像资料调查游人题记时发现了这条记录。

分析这条题记的内容，我们认为当与20世纪40年代兰州空战有关。据兰州党史网公布的《兰州空战大事记》，6月20日这次轰炸未见提及，因此这则题记所记的时间，尚待熟悉了解这段历史的专家学者提供线索，或考订落实。

抗日战争是20世纪中期第二次世界大战中，中国抵抗日本侵略的一场民族性的全面战争。中国人民的抗日战争，是中华民族历史上最伟大的卫国战争，是中国人民反抗日本帝国主义侵略的正义战争，是世界反法西斯战争的重要组成部分，也是中国近代以来抗击外敌入侵第一次取得完全胜利的民族解放战争。这场彪炳史册的卫国战争，已深深镌刻在中国人民心中，而在遥远西北的偏远石窟内留下的几则题记，是抗日战争中民族心声的历史见证，今天再次整理释读，更觉弥足珍贵。

历史的步伐行进到20世纪60年代，中国历史上又发生了诸多改变人生命运的事件。知识青年上山下乡便是一段令人难忘的过去。1968年12月，毛泽东主席发出指示："知识青年到农村去，接受贫下中农再教育，很有必要。"于是，全国掀起了知青上山下乡的热潮。这段离我们较近的历史，相信不少人仍然记忆犹新。如果我们把目光投向敦煌石窟，我们仍然可以追寻到这段历史的点点踪影。

莫高窟窟顶天王堂塔内东壁门南第二身供养人身上刻画"兰州知青"等字，而在榆林14窟甬道则留有知识青年在洞窟内留下的刻画题记：

知青十人到佛侠（峡），

切看佛宝知今潮（朝），

苦留今日要保护。

这则刻画没有落款，不知是何处知青所刻，虽然字迹不甚工整，却留下了知识青年作为特殊社会群体在那个时代的存在信息。笔者与李国仁先生一起调查榆林窟游人题记，一日突发奇想，看看是否有知青题记，遂加留意，果然功夫不负有心人，在14窟甬道发现了这则题记。或许之前也有人留意过，但始终未见有人公布过。20世纪70年代，笔者正在上初中时，村子里先后来过两波插队知青，知青点离我家不到20米，因而对知青生活多多少少有些了解。如今，知识青年上山下乡已成为回忆，但40年前这场席卷整个中国大地的上山下乡运动，不仅影响了那一代知识青年的一生，而且冲击了那个时代中国社会的方方面面，在中国当代历史的平面刻下了一道深深的轨迹，无法磨灭，而敦煌石窟中的知青题记，犹如这轨迹中的一粒微尘，虽然渺小，却永不消失，提醒我们记住并反思那段令人难忘的历史。

三

百年前，敦煌藏经洞文物的发现，为我们认识中国历史打开了一扇新的窗户。就中国古代文学而言，敦煌藏经洞出土的文学作品，就改变了我们对中国古代文学的诸多认识。以我们熟知的敦煌变文而言，著名文学家郑振铎先生在其所著《中国俗文学史》中指出：

在“变文”没有发现以前，我们简直不知道“平话”怎么会突然在宋代产生出来？“诸宫调”的来历是怎样的？盛行于明、清二代的宝卷、弹词及鼓词，至底是近代的产物呢？还是古已有之的？许多文学史上的重要问题，都成为疑案而难于有确定的回答。但自从三十年前斯坦因把敦煌宝库打开了而发现了变文的一种文体之后，一切的疑问，我们才渐渐的可以得到解决了。我们才在古代文学与近代文学之间得到了一个连锁。我们才知道宋、元话本和六朝小说及唐代传奇之间并没有什么因果关系。我们才明白千余年来支配着民间思想的宝卷、鼓词、弹词一类的读物，其来历原来是这样的。这个发现使我们对于中国文学史的探讨，面目为之一新。这关系是异常的重大。

笔者在此略费笔墨，意在说明，许多发生、存在并影响过当时社会生活的事，在漫长的历史发展过程中，由于客观环境的、人为的种种原因，被删削、被覆盖甚至被篡改，渐渐消失在历史的长河中。如果不是藏经洞文献出土，我们怎能知道宋元话本的源头，又怎能知道《全唐诗》中还有不少遗漏的诗作？我们又怎能知道那些敦煌本地诗人的创作是如何为中国诗歌的创作增彩而又被历史湮灭？敦煌藏经洞出土文献如此，敦煌石窟游人题记也是如此。

几年前颜廷亮先生著文《榆林窟题记中的文学作品及其意义略说》彰显榆林窟题记中文学作品的价值。但颜先生所据，也仅仅是有关石窟图录或石窟介绍中公布的少量题记，不能反映榆林窟题记中文学作品的全貌。如果我们调查整理敦煌石窟中的文学作品，我们确实可以从中窥见敦煌地区文学发展之一斑。

若以清代以来敦煌石窟游人题记中的诗歌而论，目前我们所知者，大体可以分为以下两类。

一类是游人题写在石窟内的前人诗作。如莫高窟第 32 窟主室东壁门南有墨书竖写二行：

双々瓦雀行书案

点々杨花入砚池

这两行题诗即来自南宋叶采七绝《暮春即事》：“双双瓦雀行书案，点点杨花入砚池。闲坐小窗读《周易》，不知春去几多时。”

莫高窟第 94 窟主室中心龛柱（甬道处）北向面下方墨书：

三更灯火四更鸡　正是男儿立志时。

黑发不知勤学早，白头方悫（悔）读书迟。

下　老先生

大清光绪甲辰年孟夏月上浣吉日书

这首耳熟能详的诗，便是抄自唐代书法家颜真卿的《劝学诗》。

莫高窟第 98 窟甬道北壁抄写了王维《山居秋暝》诗：

光绪十壹年十月初一日，凉州府武威县信士弟子□□□、刘天魁叩

空山新雨后

天气晚来秋

明月松间照

清泉石上流

……

莫高窟第211窟北壁，有一则“清莲学士”墨书抄写诗句：

每日清辰（晨）一主（炷）香

谢天谢地谢三光

清莲学士

这是北宋著名理学家邵雍《训世孝弟诗十一首》（之一）中的诗句，原诗曰：“每日清晨一炷香，谢天谢地谢三光。所求处处田禾热，惟愿人人寿命长。国有贤臣安社稷，家无逆子恼爹娘。四方平静干戈息，我若贫时也不妨。”这首诗通俗易懂，流传较广，且符合拜佛时的心态，故而写在佛教石窟内也是顺理成章的事。

莫高窟第341窟甬道北壁有一则署名为“武威人”题写的诗句：

独游凤凰池上客

阳春一曲和皆暖

武威人笔意

这两句诗虽写明“武威人笔意”，却不是“武威人”所作，而是来自唐代著名诗人岑参的《奉和中书舍人贾至早朝大明宫》。此诗末联，原作“独游凤凰池上客，阳春一曲和皆难”。意在唱和贾至，表达作者谦虚之意，表明贾至诗如阳春白雪，唱和起来确实不易。此诗作于唐肃宗乾元元年（758年）春天，时为中书舍人的贾至先作了一首《早朝大明宫呈两省僚友》，作为同僚的杜甫、王维和岑参都作了和诗，岑参所作即此《奉和中书舍人贾至早朝大明宫》。正由于同时和诗的杜甫、王维，都是当时赫赫有名的大诗人，故岑参才有“阳春一曲和皆难”之叹，然此“武威人”将诗句改为“阳春一曲和皆暖”，不知是笔误还是理解有误，已无法证实，只能存疑了。

莫高窟第365窟窟门外南壁、第366窟主室南壁抄写诗句：

少小须勤学，
文章可立身。
满朝朱紫贵，
尽是读书人。
古五月二十一日笔记

莫高窟第398窟主室北壁抄写诗句：

年小初登第，
皇都得意回。
高门三汲（级）浪，
平地一声雷。
民国二年拾式年五月廿一日笔

从题诗时间及笔迹来看，两则题记当为同一人所书。诗的内容则来自北宋著名学者汪洙的《神童诗》。这是一首流传很广的五言诗，意在诱导儿童发奋勤学，力求成才，除上述题记所抄外，“天子重英豪，文章教尔曹。万般皆下品，唯有读书高”“朝为田舍郎，暮登天子堂。将相本无种，男儿当自强”“久旱逢甘雨，他乡遇知音，洞房花烛夜，金榜题名时”等等诗句，几乎家喻户晓，妇孺皆知，传诵不息，有的甚至成为人生格言，影响了数代人。

榆林窟第 6 窟一层甬道北壁：

松下问童子，
言师采药云。
不在此山中，
云深不智（知）处。
咸丰六年六月六日踏实弟子汤□□

莫高窟第 256 窟甬道北壁道光二年有一首号称“鸣沙一祥”者所题短诗：

无灯常借月，
召户不留风。
炉里尘时起，
篮中油每空。
道光二季四月初八日鸣沙一祥

李国仁先生指出，这首诗仿照明末清初白话小说《醉醒石》第十一回中“无灯常借月，有户不留风。甑里尘时起，囊中钱每空”而作。《醉醒石》署名东鲁古狂生，是明末清初以讽刺为特征的白话短篇小说中的代表作品。李国先生还揭出莫高窟第 94 窟甬道南壁鸣沙一祥摘抄明末清初褚人获《隋唐演义》诗赞一首：

佛殿龙宫碧玉幢，

人间故号作清凉,
台前瑞结三千丈,
室内长浮百万光。
劫火炼时难毁坏,
罡风吹处更无伤,
自从开劈乾坤后,
累劫常留在敦煌。
鸣沙一祥题

这首诗抄录自褚人获《隋唐演义》第五回“秦叔宝途次救唐公窦夫人寺中生世子”。以上数例,多为唐宋以来脍炙人口、流传广泛的诗歌,这些诗或自勉立志,或激励他人,或讽喻现实,或反思信仰,反映出清代以来敦煌地区文化教育的倾向,文化的传承并未因朝代的更替而中断,特别是《醉醒石》《隋唐演义》等明末清初白话小说在敦煌地区的流传,至少说明清代以来的文学思潮在敦煌地区流行的情况。

另一类是游人题写在石窟内的诗作。

如同开篇所言,文人题壁诗作,是古代文学创作的一个重要类型,许多保存下来的题壁诗,成为中国古代诗歌的名篇。但也有相当多的题壁诗歌创作,并没有留存下来。敦煌地区清代以来遗留在石窟内的游人题诗,有许多并未见于传世文献,但这些诗歌或为当地文人所作,或为外地游人所题,通过我们的梳理,或可为中国近现代文学拾遗补阙，更可展示敦煌地区文学创作之一斑。

除了前文所提及的相关诗歌外，我们还可举出以下数例。

莫高窟第94窟甬道北壁，有数处题记，其中有诗题如下：

千佛洞

国正天心顺，

官清民之（自）安，

妻先（贤）夫祸少，

子孝父心宽。

翩々三青鸟，

毛色奇可怜。

朝为王母使，

暮归三危山。

莫高窟第152窟甬道南壁供养菩萨头光间墨书题记：

闲来无事自游优，

宝洞原来几千秋。

新蒲细柳年々绿，

青山绿水共长流。

辛未岁七月日高台县庠生□□道叩题

莫高窟第334窟甬道北壁第一身女供养人像榜题栏处墨书题诗曰：

几度春风几度雨，

半藏农器半藏书。

两耳不听窗外事，

一心要诵佛□经。

莫高窟第443窟东壁东壁有刻画七行：

人生在世莫欺强，

让人几步有何彷。

千佛古洞今还在，

不见先朝太上皇。

民国叁拾年

四月初九日

陈有义到此

莫高窟之外，我们还可举出榆林窟相关诗题。笔者曾对榆林窟第6窟游人题记做过系统调查，在第6窟一层门外南北壁，一层甬道南北壁、二层甬道南北壁及二层门内南北两侧，发现数首诗歌题记，兹举几例如下。

榆林窟第6窟一层大殿门外南壁：

石窟叠叠峙壁开，

巉崖峭岸夹深潭。

正踌云天无门处，

尚有斜径任盘旋。

民国卅八年古六月四日

俞生贵感

榆林窟第6窟一层甬道北壁：

大佛悬空驾天（? 漫漶），

半点红尘不到来。

僧王白云山后宿，

路从青石径边开。（原壁有倒钩符号）

水清河面无不见，

月挂柳稍却鸟回。

好景留人迷春住（?），

上方钟鼓又相开。

会首杨志彪书题

榆林窟第6窟二层门南侧南壁清乾隆四十三年（1778年）题记：

水鸣山应万古□，

触动游人爱怜机。

感应踏实善男女，

施金舍银改造奇。

乾隆四十三年闰六月十九日庠弟子聂志进香书

榆林窟第6窟二层甬道南壁清嘉庆八年（1803年）题记：

佛洞嵬峨仰首瞻，

缠连复道创何年，

百尺金身灵甚显，

千层圣像数无边，

似此煌々留古迹，

最堪□处是残像。

大清嘉庆八年四月初八日

署踏实营外委姚秀

肃州儒学生员张应子魁进

武童

马兵子胡伏兴姚忠和等焚香

榆林窟第 6 窟二层门南侧西壁上层民国丁巳年（1917 年）题诗四首：

其一

…………………… □逢佳节客徘徊。

清净道院尘垢染，一经山雨洗出来。

其二

榆硖杨柳两参差，几度临风赴晚斜。

秋叶纷纷随水去，不知流出到谁家。

其三

山园佛寺周遭在，水流石硖一河开。

岫峰顶上一轮月，夜深转进洞中来。

其四

几层父老几多时，古洞依然世频移。

昔时风景今犹在，一杯白酒助兴（?）思。

中华民国丁巳年天贶节郡岁进士柳学孔筱鲁氏题

二层门南侧西壁下层墨书六行：

南山河水清又清，

比川来人罷（把）香焚。

焚香诵经诚心念，

萬佛硖中神有灵。

光绪叁拾壹年六月初六信士弟子楊殿文

牛存泰 敬叩

榆林窟第6窟二层门北侧西壁下层：

石硖叠叠水接天，

绿树阴浓罩河湾。

一轮明月千峰挂，

几洞神仙半壁悬。

雨洗青崖添润色，

风绕雄峙起层烟。

鸟（?）斜阳平空尽，

云岫石城旷野闲。

谁修茅庵谁养性，

谁炼金丹谁坐禅。
好景愧无佳句赏,
(?)空辜负一佛山。
后学□□题

上述诗歌,仅仅是敦煌石窟游人题诗的一部分,却已反映出其中的意义。题写诗歌者,既有本地人士,也有外地游人,既有世俗人士,也有佛道信徒;诗的内容,既有歌颂敦煌石窟景色的篇章,也有咏叹石窟历史变迁的诗篇,更有参禅悟道的感慨。诗的价值,今天看来更有意义。这些作品,除了个别诗歌见诸地方史志外,其余大部分都为传世文献所不载。这些诗歌,既有文学价值,更有史学价值。我们今天重新调查这些湮没在石窟中的文学创作,不仅有助于我们认识清代以来敦煌地区文学发展的情况,为中国文学史增添一抹亮丽的色彩,而且也为我们认识那个时代的社会历史,提供了难得的史料。

在上述诗歌之外,敦煌石窟中还有不少回文诗、斗角诗、拆字诗、谜语等,虽属文人的游戏之作,却也不乏文学色彩,为篇幅所限,我们就不一一介绍了。

如前所言,敦煌石窟保存了晚唐以来数以千计的各类游人题记,我们介绍给大家的,仅仅是清代以来300多年间的汉文题字,并未包括敦煌石窟中各类民族语言文字的题记。所有这些题记,经过一代代参观朝圣者的不断添加,日积月累,遍布莫高窟、榆林窟等敦煌石窟当中,静静地在石窟中度过历史的岁月。我们知道,20世纪以来的考古发现，不仅改变了我们学术研究的方法，更重要的是改变我们对过去历史的诸多认识。敦煌藏经洞的发现，足可作为一个典型例证，它的意义已被百年来的学术研究所证实，无须多言。敦煌石窟游人题记，其内涵和价值固然无法与藏经洞文献相比，但它所涉猎的范围和反映的问题，已远远超过题记本身。敦煌石窟游人题记，零星且不系统，正如学者王力平先生所言："虽不像敦煌碑铭墓志、供养人题记那样被学者所重，但它同属重要的古代文献遗存，更具原始性、真实性，它或多或少、直接或间接地反映了敦煌不同时期的社会历史面貌，因而独具价值……倘能将莫高窟以及榆林窟等西北地区众多石窟尚存的汉文、吐蕃文、于阗文、回鹘文等多民族文字的游人题记一并重新辑录并加以整理和考订，则必将为敦煌学研究提供重要的文献。"(《莫高窟汉文游人题记史料价值探析》，见《敦煌学辑刊》2014 年第 3 期）笔者很认同这个观点，目前敦煌石窟游人题记还在收集、整理和校录阶段，相信随着越来越多的资料公布，敦煌石窟游人题记的价值意义会被越来越多的人所认识。

（本文写作，承蒙李国先生提供相关资料，在此深表谢忱）

敦煌学夜话（一）

——2000年7月31日部分专家访谈记

七月的敦煌，烈日炎炎，新世纪伊始最大的一次敦煌学盛会——“2000年敦煌学国际学术讨论会”于7月29日在敦煌莫高窟举行。来自中、日、美、俄、英、德、印、韩、匈、荷兰、瑞士、新加坡等国的300多位专家学者，顶着盛夏酷暑，以饱满的热情回顾百年敦煌学成就，展望21世纪敦煌学前景。借此机会，7月31日晚，在代表下榻的宾馆，《敦煌研究》记者邀请朱雷（武汉大学历史系教授、中国唐史学会会长）、陈国灿（武汉大学历史系教授、中国敦煌吐鲁番学会副会长）、耿昇（中国社会科学院历史研究所译审、中国中外关系史学会会长）、李正宇（敦煌研究院研究员、甘肃敦煌学学会副会长）等先生，就敦煌学的有关问题进行了座谈，现将座谈纪要整理如下。

记者：最近一个时期，敦煌学成了人们的热门话题，那么，我们如何看待20世纪敦煌学的显学地位？

陈国灿：敦煌学之所以成为国际显学，首先是由于敦煌文献的偶然发现具有很强的传奇性，为世人瞩目。其次，19世纪末20世纪初，西方资本主义列强从世界各地掠夺了大量文物，这些文物变成了他们的文化财产，他们拿到这些东西后，也在进行研究，敦煌、吐鲁番文物自然也成了英、法、俄、德、日等国的热门研究领域，并将其称之为“东方学”。再次，敦煌、吐鲁番发现的文献，除汉文外，还有十多种民族文字的文献，这些文字流行的地区，不仅仅限于中国西部，其地域范围远远超出国界，它所包含的内容也超出了国界，因而使敦煌学研究具有了国际性。

在当时特殊的历史背景下，一些国家研究西北地区的文化、文物，有明显的政治目的，即为其侵略、扩张做准备。最明显的是俄国籍芬兰人曼涅尔海姆，他本人就是沙皇俄国派驻新疆的情报员。他们研究中国西北的文化、历史、地理，认为这一地域的文化自古就不属于华夏文化系统。这显然不符合历史实际。

李正宇：刚才陈先生从内因和外因谈到敦煌学成为国际显学的条件，说得很精辟，我补充一些具体意见。所谓显学，实际上是一门热门学问。一是研究者多。二是敦煌地区的研究资料非常丰富，有图像、有文字、有实物，不但使建立在其基础上的敦煌学自成体系，而且也为其他学科提供帮助。如关于石油一名，过去一讲就是《梦溪笔谈》里的记载，实际上敦煌文献中关于石油一名的使用，比沈括的

敦煌莫高窟窟区

孙志军　摄

《梦溪笔谈》要早120多年，当时敦煌的金银匠在镀金时，就是用石油作燃料。再如，会计学中的“四柱结算法”，据敦煌文献记载，晚唐时期敦煌地区就已运用，比以往所知元代的记载要早500多年，是研究会计史的重要材料。文学上更不用说，敦煌唐代就有白话诗、白话小说。敦煌的材料可以给许多学科补充营养，激发活力，因此为其他诸多学科所关注，越来越多地吸引着诸多学科研究者的目光，成为诸多学科关注的焦点。三是一些大师级学者的呼吁、倡导、钻研，带动了一代又一代人从事这方面的研究。四是出现了一些敦煌学组织（如法国“438”小组、中国敦煌吐鲁番学会、日本敦煌文献研究会、苏联敦煌写本研究组、香港敦煌学会、台湾敦煌学会、日本青年敦煌学者协会），并登上高等学府的讲坛，进一步设置了敦煌学的博士、硕士点。五是出现了敦煌学论著的发表园地，形成了敦煌学研究的阵地。六是研究成果大量涌现。这些，对敦煌学成为国际显学都起了重要作用。

陈国灿：所谓研究的焦点，实际就是要研究我们民族文化遗产闪光的东西。敦煌学的内容，就是我们民族闪光的文化遗产。要把民族文化推向前进，都离不开对这个文化遗产的研究，从中汲取营养，继承前代，开创未来，这也是对新生活的再创造。

耿昇：敦煌学在20世纪下半叶发展成为显学。敦煌是古代四大文明汇集的地方，藏经洞文献的发现，其内容之丰富，几乎涉及了人类文明史上的一切内容，大大丰富了学者的研究课题。但是，任何一门显学都是有阶段性、时间性的，否则就不能成为显学，学术史上没有永远的显学。国内外对敦煌学的概念争论很大，国外一般称为敦煌研究。敦煌文献的发现，唯一的作用是补史和证史，补二十四史没有记载的内容。中国史书多由历代史官修撰，后代人修前代史，有时间上的滞后和原始档案的不完整。敦煌资料在许多方面和现存史书不一，可以说是当代人写的当代史，也可以作为第一手档案使用，只要是研究历史的人就能够而且应该利用。

李正宇：补史证史是敦煌资料的功能之一，但不仅只有补史、证史功能。一开始主要是史学家重视，后来不断发展，形成一个学科群，由辅助性的学科拓展成为独立的社会科学学科——大敦煌学。

陈国灿：要辩证地看。敦煌学肯定会长期存在，它是特定历史环境下产生的特定学科。它的特点是既有哲学的，又有史学的、语言文学的、民族学的、经济学的……可以说包罗万象，生出的各个分支，又与其他学科交叉，是一门综合性的学科。

记者：作为一门国际显学，它在21世纪能否仍会受到学术界的重视？21世纪的敦煌学应该如何发展？

陈国灿：就研究状况而言，敦煌学产生之初，中国还处于半殖民地社会，研究者较少。20世纪上半期，外国研究走在我国前面。解放初期，百废待兴，主要工作是抢救和保护文物。70年代末、80年代初，我国才开始系统整理敦煌、吐鲁番文献。1975年，我们将整理吐鲁番文书的报告报到中央，邓小平同志评价很高，并指示李先念同志拨专款资助整理。整理出版后，影响很大。

改革开放后，中国敦煌学的发展引起世界各国瞩目。据初步统计，1979 年—1997 年间，出版专著 1100 多种，发表论文 9000 多篇。对此，各国反应也不一样。一种意见认为，中国人赶上来了，有条件对话，他们愿意来。特别是石窟、壁画，中国的研究方法和路子不一样，可以作深层次的交流。另一种意见认为，中国敦煌学发展起来了，觉得没有什么可研究，就转而进行其他领域的研究了。这只是少数人的看法。总的说，目前敦煌学仍处于方兴未艾的地位，进入 21 世纪，敦煌学的国际显学地位还将延续。比如美国学者，现在对敦煌、吐鲁番学的兴趣就很高。美国露丝基金会，原来资助了中美合作研究项目“重聚高昌珍宝”的活动，非常热烈。现在又资助了一个中美合作项目“敦煌石窟比较研究”。法国汉学研究中心组织法、日、中学者合作整理，最近出版了《伯希和所获库车汉文文书》。

今后的研究方向，应该是层层深入的研究。这一点，美国人的研究方法值得我们借鉴。如美国有人研究中国古代器物上龙的图案，资料收集非常全面，从中寻找艺术特点及其发展规律。美国匹斯堡大学的一位学者来中国读博士，他收集丝绸之路上的波斯银币，很丰富，写了一本书。所以，敦煌学研究不是无事可做，而是研究不深入，眼界不开阔。比如供养人像，什么时候画得大，什么时候画得小，什么时候是什么姿态，等等，都值得研究，并且要结合历史背景研究，脱离了历史背景，就无法深入。敦煌石窟在中国，中国学者如作更细的深层次研究，会具有更便利优越的条件。再如，在出土文献的研究方面，也不是说前人都把工作做完了，远没有作完。例如斯坦因所获吐鲁番文献，法国马伯乐整理为《斯坦因第三次中亚探险所得汉文文书》也并非完美无缺，许多都须重新整理，作出新研究。俄国的“敦煌特藏”，有许多并非出自敦煌，至于其中哪些文书出自吐鲁番，哪些文书出自于阗，还须要研究，作出甄别。还有各地所藏敦煌、吐鲁番文献的联系、比较性研究，也还有大量工作需要国际学者们的协作来做。

21 世纪仍然会是敦煌学兴旺发达的时期，今后出土的东西还会很多，层出不穷。我们所说的敦煌学并不只是敦煌藏经洞和敦煌石窟，范围将更广，包括以吐鲁番为代表的新疆各地出土文物。例如，新疆阿斯塔那墓区有封土的墓葬有 3000 多座，将来肯定还有新材料发现。所以，在 21 世纪，敦煌学研究的热点不会因为这次纪念活动就消失，新材料、新观点、新方法的运用，必然产生新的成果，还将会出现新的热点。

中国的敦煌学事实上才刚刚起步，从罗振玉到常书鸿，前辈学者主要做了奠基工作，这 20 年才开始起步，深入的发展还有待于未来。就国际敦煌学而言，我们是否在所有领域都已赶上和超过国外的研究？客观地讲，还没有。我们在社会文书的研究（主要是结合历史的研究）、文学研究、石窟考古研究等方面正赶上或超过外国，在宗教（尤其是佛教、佛学）研究、民族文字研究、艺术研究等领域，还有差距。稀缺人才还需要大力培养，研究的队伍也要有分工，青年人要有志向，甘于寂寞，甘于坐冷板凳，才能有所成就。

敦煌学是一门综合性的学科，敦煌文化是珍贵的文化遗产。一个民族要有生命力，必须珍视自己的文化遗产。我们愚昧了一个阶段，不可能再愚昧了。只有珍视文化遗产的民族，才是有前途的民族。将来队伍扩大1000人也不算多，我们中国人要有雄心壮志，真正做到对自己的这份珍贵文化遗产，有更多、更权威的发言权。

李正宇：就敦煌学研究而言，仍然是方兴未艾，潜力很大。在资料整理、刊布方面，如壁画的数字化处理，敦煌文献的分类辑校，都还有大量工作要做。在研究方面，不少问题还有待于深入研究，有的则需要开拓新的研究领域。目前，敦煌学的分支学科不断扩展，以后还会产生新的分支学科。随着新观点、新方法的运用，研究领域也会不断扩展。敦煌文物、文献是我们取之不尽、用之不竭的资料源泉。五千字的《老子》，人们已经研究了两千多年，五万卷的敦煌遗书，五万平方米的敦煌壁画和上千处地面遗址，绝不是短时期可以研究透彻的。

耿昇：21世纪，只要有历史研究，只要研究中世纪文化，敦煌研究就会发展。特别是敦煌文献中的非官方文书，记录很真实，资料很可靠，各个学科都能从中发现材料，但敦煌学的发展方向应该是融合。我们强调敦煌资料的可贵，但不一定要强调敦煌学本身的独立性。敦煌学从相对独立走向与其他学科，特别是历史学的融合，是必然的。如果不能融合，永远呈游离状态，那是很危险的。学科的融合，是敦煌学的唯一出路，它不仅给其他学科补充营养，现在也需要其他学科给他补充营养。敦煌文书需要放在中国史和世界史的大范围内去研究，对每个卷子的独立考证研究，已经赶不上时代的发展趋势了。法国曾经有一个“敦煌与高地亚洲文献研究组（438 小组）”，搞一些项目、研究之类的工作，后来其成员发现他们的工作越来越难以孤立地进行下去，于是改为“中国中世纪研究组”，但仍然运用敦煌资料。由此可见，敦煌学作为独立形态最辉煌的时代已经过去了，它今后的前途就在于更好地与其他学科融合。

朱雷：我最早知道敦煌是 1945 年，小学五年级的宗教课上，那时我在一所教会学校读书。我接触敦煌学，是因为它的资料可以作二十四史的补充。中国有二十四史，但它只讲最高原则，它的执行情况如何，我们不清楚。如均田制的问题，史书中有记载，但是到底实行了没有，具体怎样实行的，因没有确证，学术界长期不能定论，而敦煌文献就存有这方面的确证，给长期争论的问题一个明确答案。史学研究与出土文献相结合进行研究，会使成果更加可靠，从这个意义上讲，王国维的二重证据法在敦煌资料的利用上有充分体现，所以搞古代史，不重视敦煌文献及其他出土文献（碑刻、墓志等），实际上是一条腿。

敦煌学研究为唐史研究提供了资料。敦煌学百年研究应该从学术回顾这一点出发，搞政治卷、经济卷、文学卷、艺术卷……作世纪性总结。我们目前的研究虽然在某些问题上有突破，但是还远远不够，要加强实证研究，在微观层次上继续下功夫，当然，宏观研究更应以理论为指导，加强研究。敦煌学前途很广，至少有以下几方面的工作还可以做，首先是资料的收集整理；第二，资料的考订、拼对、缀合，字的辨识，词的解释等；第三，宏观研究，包括深度、广度及认识的提高，新方法的运用。敦煌学还有生命力，不会存在尽头的说法，应当是方法更新了，有新的高潮。我们的研究总是停留在解释文献的层次上是远远不够的，应该在已有材料的基础上做进一步发掘，为此要切忌浮躁学风。我们这一代有个缺陷，就是基本功不完整。基本功有三个方面：文献、断代史基础、小学功底。王国维当年看了几个卷子，就写了好多文章，主要是小学功底深，断代史、专门史基础好。现在有些人没有这方面的功底，文章往往有硬伤。敦煌学博大精深，同一条材料，基本功不一样，结论有可能有天壤之别。现在的研究生如何培养，基本功的训练是一个方面。只要认真读书，就没有白读的。要从最常见的书里找出最常见的问题。年轻人要甘于寂寞，现在有些导向对年轻人的成长是不利的。

耿昇：没有深厚的国学功底，就搞不好敦煌学。王国维、陈寅恪，国学功底都很深。学问无尽头，陈寅恪的文章不长，但每一篇都给人有启发，现在搞史学研究的，有许多人不了解敦煌文献，就如同搞敦煌研究的人不通隋唐史一样，寸步难行。这不能不是一个缺憾。

记者：非常感谢几位先生参加今晚的座谈。这几天敦煌正值高温酷暑天气，先生们每天往返于莫高窟和敦煌市，很辛苦，我们不便过多打扰，希望你们保重身体，早点休息。先生们的发言，对我们很有启发，特别是对青年人寄予厚望，提出了敦煌学美好的前景，增强了我们的信心。我们相信，通过新老敦煌学者的努力，敦煌学在新世纪必将有新的飞跃。

（本文及其后敦煌学夜话二、三，是我和同事高启安先生“2000年敦煌学国际学术讨论会”期间，以《敦煌研究》记者身份所作的采访记录，由我和高启安共同署名，发表在《敦煌研究》2000年特刊，因该特刊属内部刊物，发行范围有限，今再揭出，以飨读者。）

敦煌学夜话（二）

——2000 年 8 月 1 日部分青年敦煌学家座谈会纪要

继 7 月 31 日晚本刊邀请部分专家座谈之后，8 月 1 日晚，我们又邀请了国内敦煌学界卓有成就的部分中青年专家，围绕敦煌学 21 世纪是否还会是学术新潮流，敦煌学新材料与新问题，青年敦煌学工作者和敦煌学的发展，敦煌学与新方法的应用等问题，谈了各自的看法。在敦煌学走过整整一个世纪、硕果累累、面临新的突破与发展之际，这些辛勤耕耘在敦煌学研究前沿的中青年专家的意见，对整个敦煌学界无疑有很大的启发和参考作用。

记者：这几天会议讨论、参观安排得很紧，各位专家很忙，很疲劳。谢谢能来参加这个座谈会！

《敦煌研究》编辑部在“2000 年敦煌学国际学术讨论会”召开前夕，为准备会议的材料，对一百年来敦煌学发展状况进行总结和评

瓜州锁阳城佛寺遗址

杨秀清　摄

价，曾做过一些采访和调查；也曾召集兰州的敦煌学工作者就一些问题发表了意见；昨天晚上，我们还邀请一些资深的敦煌学家座谈。这些问题不仅对下个世纪敦煌学的发展有着前瞻性的意义，也是关注敦煌学研究的普通大众以及前来敦煌参观的游客所关心、想知道的。希望就敦煌学的新材料、新问题、新方法，敦煌学拓展或突破的领域，青年敦煌学工作者努力的方向，谈谈各自的看法。

荣新江（北京大学历史系教授、博士生导师）：在敦煌学研究百年之际，确实需要回顾敦煌学发展的历程，总结敦煌学研究的成果和不足，展望敦煌学发展的前景。一些学者也写文章从不同的方面进行了论述。我曾在 1998 年召开的“国际汉学会”上做了《北京大学与敦煌学》的发言，并为《世界汉学》杂志撰写了《敦煌学欧美汉学的贡献》一文；前不久，上海的《辞海新知》和《中国典籍与文化》约我写文章，我也就此谈了自己的看法。

1930 年，著名学者陈寅恪先生在《敦煌劫余录序》中说：“一时代之学术，必有其新材料与新问题。取用此材料，经以研求问题，则为此时代学术之新潮流。”“敦煌学者，今日世界学术之新潮流也。”先生站在世界学术的高度，指出了 20 世纪敦煌学迅猛发展的趋向，诚可谓远见卓识。敦煌只是唐朝边疆的一个州，但有关敦煌的著作远远多于有关唐的都城长安的著作。这就有一个问题，敦煌的魅力何在？敦煌学研究的范围有多广？

陈寅恪先生所说的“敦煌学”，还主要是指对敦煌藏经洞出土文书的研究。以后随着敦煌当地考古工作的进步，特别是敦煌石窟保护研究的开展和逐步深入，敦煌汉简、吐鲁番文书、西域文书的大量出土，以及海内外所藏敦煌绢纸绘画等美术作品的发表，越来越多的学者把敦煌学的内涵，扩大到敦煌乃至吐鲁番和丝绸之路沿线出土和保存的所有文物和文献上。就中国的敦煌学研究来说，在这一范围内，确实取得了辉煌的成就。比如有关历史方面的研究，学者们利用敦煌资料，来研究北朝隋唐均田制、赋役制、租佃关系、寺院经济、法制文书、氏族、兵制、归义军史、唐五代西北民族、丝绸之路等，都取得了相当大的成绩。同时，在宗教、文学、语言、艺术、考古、科技等学科，也利用敦煌资料，有程度不同的学术贡献。

韩昇（厦门大学历史系教授，博士生导师）：敦煌学在一百年里取得了有目共睹的辉煌成就，从这次会议提交的论文中也可以看出这一点。这些成就的取得，得益于文献的搜集和整理，基础研究贡献很大。但给人的感觉是文献部分过大，有一些文章眼界不高，就敦煌谈敦煌。这就有一个问题：如何利用敦煌文献，提升敦煌学，跟国际接轨?

荣新江：是的。从整个学术史的发展来看，在中国敦煌学的繁荣背后，也存在着不少问题。比如，目前的敦煌学研究，有一种就敦煌说敦煌的倾向，把自己完全封闭在敦煌学的范围里，使敦煌学的路子越走越窄。我们切不可把敦煌学孤立起来，而应当利用各个不同学科的方法来研究敦煌吐鲁番材料，用开放的眼光看待敦煌的问题，这样往往可以在自己所研究的对象之外获得更多的知识。

记者：还有哪些新材料、新问题呢？如何拓展？

荣新江：应当说，新材料和新问题，构成了新潮流。目前敦煌学研究领域好多人都是找新材料，没有或较少找新问题。新材料固然很重要，但材料是为解决问题服务的。说到新问题，像中古宗教史、社会史，都可以借助明清史的材料、方法，挖掘出新的问题，还可以利用敦煌文献中俗讲、吐蕃史料，还应当关注其他学科发展的情况。谈到拓展，目前一些领域仅是摸着了个边，尚未进入。如敦煌妇女史，“大女当户”的现状，《下女夫词》所透露的情况等，这样的材料很多，它们为敦煌社会妇女生活史乃至唐五代整个中国妇女社会生活研究提供了许多翔实的资料。还有图像及艺术创作的过程，可以从物质文化的角度来寻找图像的意义。

韩昇：研究应该从宏观把握，做局部、实证。随时随地宏观、微观、立体把握文书的利用。视角的不同，就会有新的发现，新的问题。我主张用一种“熬鸡骨头”的方式，亦即不要轻视已经发现、公布和专家研究过的文献的资料作用。应该说，这些资料的作用可挖掘的潜力还很大。如果带着一种“问题意识”，就能够从广阔的视野进行比较、分析，同样能够发现新问题，取得重要的成果。现在研究中有一种倾向，就是特意强调敦煌学特有的作用，而不是在历史中研究敦煌，还是应该将它放大到中国历史、甚至世界历史的范围去考虑问题、去观照局部的问题。必须从世界史的角度去看，这样可引起一个新的震动。因此，文献跟历史的结合是一个重要的方向。

记者：高科技的应用，确实可以为敦煌学开拓研究空间。敦煌研究院与国外一些研究机构也有合作，如壁画图像的存储和将来上网等。还可以利用电脑，作洞窟建筑和某些场面的三维图像、作卷子的缀合等等。除此外，还可以做些什么工作?

黄征：高科技的应用，确实可以为敦煌学研究开拓空间。我们现在做的一部分工作，就是将已出版的敦煌画册系统扫描，有不少收获，可以利用它来搞图像学研究。如可以对比各个时期书法的异同，从中找出书法演进的规律；还可以搞敦煌变文集的插图本，使之更加形象；还可以运用电脑，搞语言文字研究，做出一个标准的东西来。

韩昇：现在世界名画的修补都靠红外线技术，运用红外线扫描和X光机，可以将已消失或不清的字阅读出来，对于整理文献非常有用。电脑技术运用在敦煌学研究上，有非常广阔的前景，除了前面所谈外，还可以运用电脑索引，如同现在已经做出来的《诸子索引》一样，将很方便研究者利用。另外，在对文献卷子的比定上，相信也会有非常大的用处。

荣新江：谈到这一点，我想敦煌文献全面公布以后，应当在过去分类整理的基础上，按比较合理的分类体系编排、校录出一个“定本”，使学术界拥有一个像标点本二十四史那样的本子，将敦煌文献的研究成果贡献给各个学科，使之成为人们都可以利用的材料。在此基础上，使敦煌文献数字化，制成电子版的敦煌文献合集，使之成为全世界学界都可以利用的新资源。

李并成（西北师范大学敦煌学研究所所长、教授）新世纪敦煌学肯定要扩展，首先是在时间上的上延。材料有悬泉汉简，其中有字的汉简 17800 多枚，目前出了一个简本；敦煌汉简有 20000 多枚。所以也是新材料。汉简研究很可能成为敦煌学的一个新的热点。研究内容扩大了，研究时代延伸了，应该是敦煌学的扩展。另外，西部大开发逐步实施，也给敦煌学的研究提出了新的课题，如历史开发状况（特别是敦煌、河西开发的状况）、对农业本身的状况的研究目前还不多。而历史上的开发可为今天的开发提供借鉴，如历史上河西的粮食亩产，区域开发等，利用敦煌资料可以搞敦煌沙漠化渐进的研究，张掖以及河西走廊历史上沙漠化的情况，在敦煌资料中有一些很细的反映，可为河西的防沙治沙提供借鉴，也可以和今天的物候作对比研究。我目前手头已积累了一些。这样一些自然地理、历史地理、环境史学的内容，都可以说是敦煌学领域的拓展，而且都可能成为热点。

郑炳林（兰州大学敦煌学研究所所长、教授、博士生导师）：21 世纪敦煌学研究的突破，无论文献、艺术研究，还是在新材料、新问题上，都要从专题、综合上下功夫，从新的视角看问题，都应在专题研究上有突破。谁的方法新、角度找得好，谁就可能获得成功。比如敦煌文书的研究专题，就可以从新的角度加以细致、详细的研究。

韩昇：日本的文书学研究很发达，正仓院也保存了许多古代的账籍文书，可根据其样式，复原、整合一些敦煌文书。

郑炳林：在方法上，首先要结合信息工具，进行多学科的联合攻关，走交叉学科研究的路子。敦煌学研究中，以前的研究大多是分学科的单兵作战，研究学科划分界限，学科之间相互渗透不多，人为地将敦煌学研究划分成好多不相联系的独立的小圈子，这种状况严重阻碍了敦煌学研究的进一步发展。

今年，国家教委将兰州大学敦煌学研究所作为敦煌学研究基地，既是我们的光荣，也为我们提出了更高的要求。我们在征求许多专家意见的基础上，基本上确立了今后的重点和方向，这就是将敦煌文献与敦煌石窟艺术结合起来进行一些问题的专门研究，走文献与艺术相结合的路子。兰州大学敦煌学研究所能否起到敦煌学研究中心作用，就看在敦煌文献与敦煌石窟艺术结合研究、教学上能否有所突破。

敦煌文献的专题整理和专题研究，近百年来成绩突出。对许多敦煌文献的整理，学术界做了许多工作，如郝春文为主的《英藏敦煌社会文书整理研究》，黄征、张涌泉带头作的《敦煌经部文献整理研究》等。分类整理研究有邓文宽的天文历法、赵和平的书仪、宁可的社邑文书、沙知的契约文书、张锡厚的赋、郑阿财的孝道文学、王三庆的类书等，虽然其中有相当部分整理结果并不理想，但大部分的整理工作对敦煌学的研究推进是起有一定作用的。在这方面还有许多工作需要去做。比如法敦煌社会文书的全面整理工作和俄藏敦煌文书的全面整理研究。目前兰州大学敦煌学研究所利用敦煌文献学的课程教学，对俄藏敦煌第一至第十一辑有关社会文书正在做辑录整理工作，争取年终结束这部分整理工作。然后开展法藏社会文书的整理工作。为了避免整理中出现的错误，有一个再纠正的机会，准备按编号顺序分册以《敦煌学辑刊》增刊或特刊的形式先出版，供学术界批评，等到学术界批评得差不多了，整理中存在的错误不能说全部只要基本都找出来了，就可以交出版社出版。目前来看，资金不是大问题，最大的问题是人力不够。现在有一种倾向，书的装帧越来越漂亮，价格越来越贵。我们应当吸取前人在敦煌学研究书籍出版中的经验，最好以简装的形式出版，以方便敦煌学界的研究。其次，敦煌文献的分类整理研究也有一个全面铺开的问题和研究深入的问题。像敦煌写本占卜文书整理研究，到目前只有非常有限的整理和研究，类书的整理和研究也有待深入和细化。这些大量的工作需要有大量的人去做。

在敦煌石窟艺术的研究上，敦煌研究院的老一代专家做了大量的研究工作，特别是在敦煌壁画内容的释读上，解决了许多问题，就我们目前了解的情况来看，和敦煌文献的研究差不多，单个壁画内容研究考释得比较多，小的专题研究也比较多，但是在大的专题研究上不多。在敦煌壁画专题研究上还有许多工作要做，有许多有意义的课题需要去进行研究。

我们其他专业研究机构不同的一点是还必须考虑教学工作，为敦煌学培养人才。在敦煌学专业研究生的教学与研究中，我们深感需要一部或多卷本的概论性的敦煌学研究论著，供初学敦煌学的年轻人了解敦煌学的研究状况用。在敦煌石窟艺术研究上也有这种状况，亟须一部多卷本的敦煌石窟艺术概论性系统介绍敦煌石窟艺术内容和研究状况的专著。

荣新江: 谈到挖掘，从敦煌学所提供的资料来看，还有许多没有得到充分的利用和展开，从大文化的角度来审视，也有许多课题可以开拓。我以为利用敦煌资料，有四个方面仍然可以大有作为：一是中古时期的宗教史。在现有基础上，进一步考察各个宗派间的关系，佛教宗派和世俗社会的关系、佛教教团与统治集团和下层民众间的关系等等，仍然有着广阔的天地。其他还有道教、袄教、摩尼教等等，深入研究都可以帮助解读中古中国的一些社会现象。其次是利用敦煌资料研究唐朝乃至五代宋初社会各个阶层的物质生活和精神文化现象。其三是吐蕃王朝对敦煌的统治以及汉藏文化的交流。这方面的研究由于古藏文的语言障碍，显得很薄弱。而吐蕃统治敦煌时期，正是吐蕃王朝从唐朝大力吸取文化营养的时期，敦煌文献中保留了大量的汉藏文化交流的史料，唐朝制度的影响、汉地禅宗的输入、其他宗教派别的渗透等课题，相信都由此而能得到深入研究。第四，敦煌出土了大量的各少数民族文字的文书，这些语言文字当中，甚至有一些早已消亡的“死文字”，但它们真实地记录了丝绸之路各个民族的历史。对这些语言文字的研究，不仅能揭开一些历史之谜，而且可能校正中原传统史料所持的某些观点。

韩昇: 日本文书的格式是从中国来的。国内除了敦煌有发现外，其他地方发现很少，但国内对此利用不多。因此，应该注意吸收这方面的成果。还应该注意国外研究的最新动向，跟上学术发展步伐，注意学术潮流，阅读有关学术杂志，加强联系，广泛进行学术交流。这也有个界限问题。应该把敦煌放在中西文化交流的线路上，考察其流变，从世界的角度加以把握。无论是中亚的艺术还是日本的古文书，都将对敦煌的研究给予莫大的帮助。而且，正如其他先生所言，还有许多没有开垦的领地。

荣新江：跟踪学术前沿很难。青年敦煌学工作者除了基本功扎实外，还要精通外语。要养成认真做事的习惯。在这方面，国外的研究者做事认真的态度和研究方法值得我们借鉴。像“敦煌学史”“敦煌文物流散史”等课题都需要有人认真地去做。搞清楚这些事情，可有利于将来收回敦煌文献。

记者：培养人才的问题，也是一个系统工程。在许多场合，都有专家提出过不少好的建议，比如刚才荣先生提到的一些少数民族文字及“死文字”的识读，就有专家建议选一些青年人，送到国外专门培养。因为将来可能不断有这样的文献出土，如果没有专门的人才，只能跟在别人的屁股后面，影响研究的深入。

敦煌学夜话（三）

在“2000年敦煌学国际学术讨论会”期间，8月2日晚、8月3日晚，敦煌研究院院长樊锦诗先后邀请部分外国专家和港澳台地区的专家，在他们下榻的敦煌宾馆进行座谈。座谈的议题有两个，一是征求专家们对本次学术会的意见和建议；二是就如何加强敦煌学国际合作同专家们座谈。现将座谈会的有关情况综述如下。

关于学术会议，专家们认为2000年国际学术会开得很成功，突出的特点有两个：一是参加会议的国家多，除中国外还有英、法、俄、日、美、印等15个国家的代表参加，说明研究敦煌学的国家在增多；二是参加会议的青年学者不少，并在会上宣读论文，说明敦煌学后继有人，前途远大。由于此次学术会盛况空前，学者云集，有的学者指出，敦煌研究院将成为21世纪国际敦煌学研究的基地。就会议存在的问题，专家认为，在提交会议的论文中，有一小部分论文还有一定的缺陷，希望以后加强论文的审查。另外，外国专家建议把考古和艺术分为两个组进行讨论，并希望在其他分会场也增设同声翻译，这样有利于中外学者到时候更好地交流。

敦煌壁画的保护问题，仍然是学者们关注的热点。近年来，利用计算机技术存储敦煌壁画已引起各国学者的广泛关注。日本成城大学教授东山健吾说，利用计算机存储敦煌壁画，虽然目前还不完善，但将来会在使用中加以解决。今后有了这方面的系统，对研究者来说，大为方便，因为对研究者来说，看实物是最重要的，计算机则可以提供更形象的资料。英国伦敦大学亚非学院韦陀教授赞扬了美国梅隆基金会同敦煌研究院合作进行的敦煌壁画的计算机存储与再现研究，同时提到英国歌德学院有壁画修复培训班，专门培养壁画修复人才，希望中英加强联系。俄国学者鲁多娃博士认为，目前，敦煌壁画保护状态较好，但还需要做一些修复工作，俄国埃尔米塔什博物馆可以做壁画的修复工作，她说："如果我们能尽绵薄之力帮助敦煌、新疆、西藏等地修复壁画，我们感到很高兴，并且愿意提供服务。"一些学者还建议敦煌研究院同台湾、香港等地的佛教界加强联系，共同保护敦煌石窟。

由于敦煌藏经洞文物流散在世界各地，21 世纪如何实现敦煌学资料共享，也是座谈会上学者们关心的话题。印度学者钱德拉教授说："敦煌学的发展是国际上共同努力的结果。我们和敦煌是有联系的，

安西榆林窟外景

孙志军　摄

印度藏有部分敦煌文物，我们准备建一个艺术馆，存放敦煌文物。在敦煌莫高窟，有50种经文，现在在印度都已不存在，若将它发表出来，对印度很有用。”他建议将《敦煌学大辞典》翻译成英文出版，并希望敦煌研究院院刊也能用英文出版。英国学者韦陀说，以前中日合作出了五卷本，讲敦煌石窟，后来江苏美术出版社做了大量工作，最近商务印书馆出版的关于敦煌石窟的书，内容很丰富，并有条件译成英文出版。这些工作，对于国际上加强敦煌石窟的研究都有非常重要的意义。他还介绍了英国国家图书馆“国际敦煌学项目”正组织人力从其收集品中挑出一些写卷，准备把他们制作成高质量的数字化图像，在适当的时候在网上公布，这将有利于世界各国利用敦煌文献进行研究。台湾成功大学王三庆教授也建议敦煌研究院有计划地和英、法建立合作关系，实现资料共享。此外，日本国学院大学文学部土肥义和教授，香港大学中文系单周尧教授都提出加强敦煌研究院资料中心建设，吸引各国学者到敦煌进行考察、研究。

如何利用信息技术进行敦煌学成果的交流，则是专家们感兴趣的话题。东山健吾认为，利用计算机进行敦煌学资料的分析研究，对敦煌学发展更为有利。日本浅草寺劝学所京户慈光所长说，21世纪是信息化社会，比如用E-mail可以把我们的成果直接发给敦煌研究院。各国学者利用E-mail进行交流，就可以很快看到学者的研究成果，用这种手段可以尽快了解学术动态，进行交流。日本早稻田大学砂冈和子教授谈到，我们和中国已有E-mail联系，但是，光有E-mail联系是不够的。通过互联网站，设主页进行交流，才能使更多学者看到敦煌学研究成果。遗憾的是敦煌学者的主页主要是欧美学者，中国学者不多。她希望敦煌研究院在这方面多做一些工作。台湾学者王三庆也提出建立世界性敦煌网站，以供全世界的敦煌学学者进行资料共享和学术成果交流。

敦煌学要发展，关键是人才。座谈会上，专家们就人才培养问题，也提出了不少好的建议。英国学者韦陀提到国外不少青年敦煌学学者开始学习中文，英国伦敦大学亚非学院培训了近百人学习梵文和其他中亚语言。他希望中英能在这方面加强联系，以培养敦煌学研究中民族语言方面的稀缺人才。台湾学者王三庆建议派青年学者到国外的大学或研究机构进行培训，并提议说台湾“中华发展基金”可以资助大陆专业人士和研究生到台湾进行研究、讲学、传习等文教活动，希望大陆敦煌学界与之联系。香港学者单周尧则建议敦煌研究院利用暑期举办敦煌学培训班，吸收港台等地学生参加，时间一个月左右。他的这一建议得到新加坡大学古正美教授的响应，她表示如果有这样的培训班，她一定来敦煌免费服务，为培训班讲授佛学。港台学者还提议青年学者要学好外语，特别是英语，这在将来的国际交往中必不可少，不可等闲视之。

樊院长最后说，这几天敦煌正值高温天气，学者们从异国他乡来到敦煌，可能对这里的气候条件不太适应，希望大家注意身体。她对专家们能来参加座谈会表示感谢。她说，专家们的发言，对我很有启发，大家的意见和建议很好。关于敦煌石窟的保护，我们和日本、美国合作，取得了一定成果，今后还要加强同国际文物保护机构的联系。说到资料共享，我们院里建了一个敦煌学网站，现在刚刚开通，有许多方面还不完善，希望大家上网查阅，并提出建议。在人才培养方面，我们过去和日本方面联系比较多，和英、法等国联系比较少，今后要加强同他们的联系。我希望大家多关心敦煌学事业，关心敦煌研究院，在新的世纪里共同为敦煌学的发展做出我们的贡献。

后记

呈现给大家的这本小书，是我近些年来为宣传和探讨敦煌历史文化而陆续撰写的小文章，其中多数都在杂志上公开发表过，唯有《游人题记里的社会众相》是首次公开。承蒙甘肃人民出版社的厚意，我将部分文稿收集整理，汇编成这本小书，奉献给大家。

敦煌历史文化，是在特殊历史时期和特定历史环境下产生的地域文化，又因其独特的文化内涵，而超越地域和时空，成为具有世界意义的历史文化。其因 20 世纪初藏经洞的发现而再度为世人所知，又因百年来各国学者的探索研究，形成了一门国际显学——敦煌学。以莫高窟为代表的敦煌石窟及敦煌藏经洞的出土文物，展示了不同时代、不同地域、不同民族的信仰和追求，记录了我们的先民对生活的态度和对艺术的理解，留下了 4 至 14 世纪丝绸之路沿线多民族的文化交流、互鉴和融合的足迹，成为中华民族优秀传统文化的代表。本书所关注者，大多不出敦煌历史文化研究这一主题，且所论视角，和以往有所不同，故取名“敦煌：另类的释读”，是也非也，还请博雅君子批评指正。

人类的敦煌，人类要了解。文明要延续，仅靠学者们的研究是不够的，它只有根植于人民群众当中，才有深厚的根基。敦煌历史文化也只有为大众所了解，才能在新世纪不断延续。笔者当年追随先师金宝祥教授学习隋唐历史时，就对《读书》杂志倡导的文风倾慕不已。因此，在多年的敦煌学研究中，笔者尝试以随笔式的文体和通俗化的表述，把自己的研究成果传达给大众，为敦煌文化的普及做一些贡献，这本小书也算是这种尝试的一个展示。当然在这次结集时，为体例所限，许多学术成果的引用未在文中一一列明，在此谨表深深的歉意。

本书所附图片，均为敦煌研究院提供，有摄影者尽量注明，未注明者敬请摄影作者谅解。

感恩给予我一路支持和关爱的师友亲人，你们的支持和关爱，是我努力前行的动力，请恕不能一一写明。如果说感恩需要回报，那么，这本小书就是我对师友亲人一点点微薄的回报。

杨秀清

2019 年 10 月